Roland Hanewald
Baltrum

Meeresstrand

Ans Haff nun fliegt die Möwe,
und Dämmerung bricht herein;
über die feuchten Watten
spiegelt der Abendschein.

Graues Geflügel huschet
neben dem Wasser her;
wie Träume liegen die Inseln
im Nebel auf dem Meer.

Ich höre des gärenden Schlammes
geheimnisvollen Ton,
einsames Vogelrufen –
so war es immer schon.

Noch einmal schauert leise
und schweiget dann der Wind;
vernehmlich werden die Stimmen,
die über der Tiefe sind.

Theodor Storm (1817–1888)

Impressum

Roland Hanewald
Baltrum
erschienen im
REISE KNOW-HOW Verlag Peter Rump GmbH
Osnabrücker Str. 79, 33649 Bielefeld

© Peter Rump
1. Auflage 2012
Alle Rechte vorbehalten.

Gestaltung
Umschlag: G. Pawlak, P. Rump (Layout); Andrea Hesse (Realisierung)
Inhalt: G. Pawlak (Layout); Andrea Hesse (Realisierung)
Karten: Catherine Raisin, der Verlag
Fotos: der Autor (rh), Elke Szeklinski (es), Heino Behrens (hb), Andrea Hesse (ah)
Titelfoto: der Autor (Motiv: Dünenlandschaft)

Lektorat: Andrea Hesse

Druck und Bindung: Media-Print, Paderborn

ISBN 978-3-8317-2195-5
Printed in Germany

Dieses Buch ist erhältlich in jeder Buchhandlung Deutschlands, der Schweiz,
Österreichs, Belgiens und der Niederlande. Bitte informieren Sie Ihren
Buchhändler über folgende Bezugsadressen:
Deutschland
   Prolit GmbH, Postfach 9, D-35461 Fernwald (Annerod)
   sowie alle Barsortimente
Schweiz
   AVA Verlagsauslieferung AG, Postfach 27, CH-8910 Affoltern
Österreich
   Mohr Morawa Buchvertrieb GmbH, Sulzengasse 2, A-1230 Wien
Niederlande, Belgien
   Willems Adventure, www.willemsadventure.nl

Wer im Buchhandel trotzdem kein Glück hat,
bekommt unsere Bücher auch über unseren
Büchershop im Internet: www.reise-know-how.de

*Wir freuen uns über Kritik, Kommentare und Verbesserungsvorschläge,
gern per E-Mail an info@reise-know-how.de.*
*Alle Informationen in diesem Buch sind vom Autor mit größter Sorgfalt gesammelt
und vom Lektorat des Verlages gewissenhaft bearbeitet und überprüft worden.
Da inhaltliche und sachliche Fehler nicht ausgeschlossen werden können, erklärt
der Verlag, dass alle Angaben im Sinne der Produkthaftung ohne Garantie
erfolgen und dass Verlag wie Autor keinerlei Verantwortung und Haftung für
inhaltliche und sachliche Fehler übernehmen. Die Nennung von Firmen und ihren
Produkten und ihre Reihenfolge sind als Beispiel ohne Wertung gegenüber anderen
anzusehen. Qualitäts- und Quantitätsangaben sind rein subjektive Einschätzungen
des Autors und dienen keinesfalls der Bewerbung von Firmen oder Produkten.*

Roland Hanewald

Baltrum

REISE KNOW-HOW im Internet

Vorwort

Kann man überhaupt ein Buch schreiben über eine Mini-Insel wie Baltrum, kleinste der sieben Ostfriesinnen, fast schon eine Hallig? Doch, doch, man kann. Helgoland beispielsweise ist noch viel kleiner (1,7 gegenüber Baltrums 6,5 Quadratkilometern), und was ist nicht alles über den bunten Felsen in der Nordsee geschrieben worden! Es gab sogar schon einmal eine Zeit, gar nicht lange her, als die Insel Wangerooge im Zeichen ständiger Landverluste noch kleiner als Baltrum war. Die verlorene Substanz ist jedoch wieder nachgespült worden, Wangerooge misst jetzt 7,94 Quadratkilometer, und Baltrum hat seinen Ehrentitel zurück: Die Kleinste bin ich!

Es gibt tatsächlich Leute, die fest daran glauben, dass der Name der Insel seine Wurzeln in „bald rum" hat. Das ist natürlich ein belächelnswerter Irrtum; die Ursprünge des Namens, später mehr dazu, liegen Jahrhunderte zurück und bedeuten etwas völlig anderes. Außerdem ist eine Inselumrundung zu Fuß gar nicht so schnell „rum", wie man meinen könnte. Denn um jede Ecke des annähernd rechtwinkligen Eilands mitzunehmen, sind immerhin 15 Kilometer zurückzulegen. Wer das Wagnis unter die Füße nimmt und sich gemütlich dahinbewegt, schafft das aber locker, auch ohne eine Sportskanone zu sein.

„Gemütlich" – das ist überhaupt das Wort, um Baltrum zu beschreiben. Und „unter die Füße nehmen" stimmt auch, denn auf der Insel gibt es (außer einem Rettungswagen und der Feuerwehr) keine Kraftfahrzeuge. Keine Autozündung winselt, kein Motorrad knattert, kein Reifen schnarrt. Selbst das Fahrrad bittet man daheim zu lassen, man kann auch keines leihen. Nur die Insulaner, etwa 500 an der Zahl, dürfen sich in den Sattel schwingen, um zum Beispiel per angehängter „Wüppe" (eigentlich Wippe) das Gepäck der Kurgäste von der Fähre abzuholen. Selbige dampft per täglich wechselndem, weil gezeitenabhängigem Fahrplan vom unfernen (4,5 Kilometer) Festland heran und entlässt bei Ankunft einen Schwall von Fußgängern, die sich alsbald über Baltrums zwei Dörfer verteilen.

Wer Ruhe sucht, ist auf dieser Insel am richtigen Platz. Die einzige Geräuschkulisse ist das Bullern der Nordsee, Möwenrufe und das Rauschen des Windes. Synthetisches Gebummer aus „Unterhaltungselektronik" würde schnell den Inselpolizisten auf den Plan rufen, zu dessen großer Freude, mal etwas zu tun zu haben. Viel gibt es nämlich nicht. Es ist unüblich auf Baltrum, Haustüren abzuschließen, und die von Autos sowieso nicht, es sind ja keine da. Die Insel strahlt Ruhe aus, Sicherheit und Geborgenheit – davon gibt es weniger auf der Welt als man denken sollte. Und sie liegt so unschuldig, als „Dornröschen" spitzbenannt, vor der deutschen Küste, als gäbe es den festländischen Industriegiganten hinter dem Horizont überhaupt nicht.

„Bald rum" trifft in einer weiteren Beziehung zu. Die Ferien sind's nämlich auch irgendwann mal, und man wird sich mit großem Bedauern von diesem liebenswerten Eiland trennen, das einem mit seinen weißen Stränden und grüner Natur schnell ans Herz gewachsen war. Aber es ist (trotz Erderwärmung und Anstieg des Meeresspiegels) im nächsten Jahr ja immer noch da.

Einen schönen Inselaufenthalt wünscht Ihnen Ihr

Roland Hanewald

Inhalt

Vor der Reise

Die Nordsee

Insel-Info A–Z

Kartenverzeichnis

Sehenswertes

Baltrum gestern und heute

Baltrums Natur

Anhang

Exkurse und Info-Kästen

Hinweise zur Benutzung

Orientierung

Auf Baltrum gibt es **keine Straßennamen;** die Häuser tragen lediglich **Nummern,** die sich nicht nach Straßenverlauf oder Ortsteil zu richten scheinen, sondern wie willkürlich über die Insel verteilt sind. Um die Orientierung auf der Insel zu erleichtern, sind in den Legenden der **Ortspläne** bei den Unterkünften und gastronomischen Einrichtungen jeweils die Hausnummern mit angegeben.

Internetadressen

Internetadressen, die über zwei Zeilen verlaufen, sind nur dort mit einem **Trennstrich** geschrieben, wo dieser zur Adresse gehört.

Rechtschreibung der Zitate

In diesem Band finden sich zahlreiche Zitate aus alten Zeiten; diese wurden in ihrer **Original-Schreibweise** belassen. Ebenso gehalten wurde es mit den Stilblüten, die der Autor in den Weiten des Internets pflückte, etwa in den Gästebüchern auf den Websites von Restaurants.

Baltrum im Überblick

Bundesland: Niedersachsen
Lage: Baltrum, das zu den Ostfriesischen Inseln gehört, liegt in der südlichen Nordsee zwischen Norderney und Lange-oog.
Fläche: 6,5 Quadratkilometer
Länge: 5 Kilometer
Breite: bis zu 1,4 Kilometer
Entfernung zum Festland: 4,5 Kilometer
Höchste Erhebung: Aussichtsdüne, 19,3 Meter
Orte auf Baltrum: Westdorf, Ostdorf und Altes Ostdorf
Bewohner: 493 (Stand: Dezember 2010)
Bevölkerungsdichte: 75 Einwohner pro Quadratkilometer
Touristenzahl: jährlich etwa 30.000
PLZ: 26579
Telefonvorwahl: 04939
Website: www.baltrum.de
Nationalparkstatus: Teile Baltrums sowie das Wattenmeer um die Insel gehören zum Nationalpark Niedersächsisches Wattenmeer.

003ba Foto: ah

Vor der Reise

Anreise

Mit der Fähre

Abfahrts-hafen

Die Seereise geht los am Kai von **Neßmersiel** an der ostfriesischen Küste. Um dort per **Auto** hinzugelangen, gebe man als Ziel „26553 Neßmersiel, Strandstraße 1", ins Navi ein. Wer solch ein praktisches Gerät nicht besitzt, fahre einfach in nördliche Richtung, bis ein Deich kommt. Genauer gesprochen:

● Aus **Richtung Hannover/Kassel/Nürnberg/München:** A 7 bis Walsroder Dreieck, A 27 bis Bremer Kreuz, A 1 bis Ausfahrt „Delmenhorst/Oldenburg" (Richtung Osnabrück). A 28 bis Filsum, B 79 bis Aurich, B 210 bis Sandhorst, von dort über Westerholt/Dornum nach Neßmersiel. Oder A 28 bis Oldenburg, A 29 bis Ausfahrt „Jever/Wittmund" (Richtung Wilhelmshaven), B 210 bis Wittmund, von dort über Esens/Dornum nach Neßmersiel.
● Aus **Richtung Ruhrgebiet/Köln/Frankfurt/Karlsruhe:** A 1 bis Cloppenburg, B 79 oder A 31 bis Aurich, B 210 bis Sandhorst, von dort über Westerholt/Dornum nach Neßmersiel. Oder A 1 bis Ahlhorner Heide, A 29 bis Ausfahrt „Jever/Wittmund", weiter wie oben.

Eine neue Zufahrtsstraße existiert erst seit 2002, ein Zeichen dafür, dass dort oben an der Küste alles etwas langsamer läuft. Dafür sind Staus dort eher unwahrscheinlich. Wer von weiter her anreist, beziehe sie jedoch unbedingt mit in die Zeitrechnung ein.

Auch der **Hafen** wurde erst 2008 völlig umgebaut und gilt jetzt als einer der schönsten der Region – was zu beweisen wäre. Das Örtchen Neßmersiel selbst macht nicht viel her, hat aber zumindest ein paar Strandkörbe am Wasser stehen. Am wichtigsten ist jedoch die Fähre.

Vorhergehende Seite:
der ewige Westwind versetzt nicht nur die Baltrumer Bäume,
sondern ab einer gewissen Stärke auch Urlauber in Schräglage ...

Da Baltrum **autofrei** ist, kann man das geliebte Fahrzeug nicht mitnehmen, sondern muss es am Hafen dem dortigen **Garagendienst** überantworten, der es sturmflutsicher hinter dem Deich parkt und dafür 3 bis 4 Euro pro Tag in Rechnung stellt. Der Parkplatz auf der Pier ist nur für kurzfristige Umsteiger da. Wer sein Auto dort stehen lässt, kassiert die ganze Inselzeit lang kräftig Knöllchen, und bei Sturmflut schwimmt einem die Karre eventuell entgegen.

Zugreisende fahren bis zum **Bahnhof Norden** durch und steigen dort in einen **Zubringerbus** um, der sie bis auf den Kai bringt, und zwar genau zur Abfahrt der Fähre.

Es gibt auch eine Möglichkeit, **aus östlicher Richtung** (über **Esens**) anzureisen. Ab Neßmersiel-Ort fährt jedoch kein Bus zum Anleger, obwohl er im Internet steht (ja, steht!), und man muss unter Umständen die zwei Kilometer zu Fuß dackeln. Mit Gepäck? Lieber nicht.

Fahrplan

Grundsätzlich muss man wissen, dass die Reise nach Baltrum durch eine **gezeitenabhängige Rinne** führt. Bei Niedrigwasser läuft nichts, die Fähre würde auf Grund brummen. Dies bedeutet, dass sich wegen der täglich wechselnden Tiden auch die **Abfahrtszeiten** von einem Tag auf den nächsten **ändern,** und zwar nach einem nicht ohne Weiteres überschaubaren Schema. Auskunft erhält man am einfachsten im Internet unter www.baltrum-linie.de. Wer per Bahn anreist, gibt bei der DB Baltrum als Ziel ein und erhält den kompletten Reiseverlauf. Ohne Internet kann man dem „Insel Baltrum"-Katalog (↗ hierzu „Unterkunft buchen") die Abfahrtszeiten für das ganze Kalenderjahr entnehmen.

Der Fahrplan des **Baltrum-Busses** geht mit dem der Fähre einher. Die Abfahrten von Norden-Bahnhof sind ebenfalls im Internet bzw. Katalog verzeichnet.

Tages-fahrten

Es ist ohne Weiteres möglich, einen großen Teil der kleinen Insel innerhalb einer Tagestour zu explorieren, und viele Baltrum-Besucher tun genau das. Man sollte sich nur im Fahrplan einen Tag aussuchen, in dem möglichst viel Zeit zwischen den Fährabfahrten liegt. Und ein Blick aufs Wetter empfiehlt sich natürlich auch.

Die Fähren In der Regel finden **zwei Abfahrten pro Tag** statt, manchmal bis zu vier, mitunter nur eine. Das Gleiche gilt für die Rücktour von der Insel. Die Überfahrt dauert etwa eine halbe Stunde.

Die Fähren legen **auf die Minute pünktlich** ab, denn die Wasserstände in der Fahrrinne lassen keine Verzögerung zu. Fahrgäste müssen sich also rechtzeitig einfinden, um ihr Schiff nicht in der Ferne verschwinden zu sehen.

In der Saison hat die dicke **„Baltrum I"** die Transportaufgaben inne, im Winter die kleinere **„Baltrum III",** die im Sommer für Ausflugsfahrten eingesetzt wird. Von Anfang April bis Ende Oktober wird auch die **Schnellfähre „Baltrum IV"** in Betrieb genommen, die in 15 Minuten hinüberhuscht. (Preis: 5 € Aufschlag pro Person/Hund zum regulären Tarif). Für dieses Schiff sind **Reservierungen** erforderlich (Tel. 04933-991606, an Wochenenden und Feiertagen 04939-913011), und zwar frühestens 14 Tage und spätestens 24 Stunden vor Abfahrt. Für alle anderen sind jedoch keine nötig und auch nicht möglich.

Die Fähren sind massive Fahrzeuge. Da ihre Kurse ohnehin durch das umgebende Watt geschützt sind, muss man keine Angst vor der bösen Seekrankheit haben. Wenn es wettermäßig mal ganz dicke kommt, finden ohnehin keine Abfahrten statt. Alle Fähren sind **Nichtraucherschiffe; das Einzige,** was dort qualmt, ist der Schornstein. Wer die 30 Minuten nicht aushält, ohne zu quarzen, wähle das Schnellboot.

Gepäck   Rollstühle, Kinderwagen und dergleichen werden auf einem speziellen Übergang auf dem Vorschiff (vor den Aufbauten) in Empfang genommen. Alle anderen Passagiere gehen über die Gangway achtern an Bord. **Handgepäck** kann man ohne Weiteres mitführen. **Größere Stücke** werden am Kai (kostenlos) in **Container** verladen, deren Nummer man sich merken sollte. Die „Kisten" werden in Baltrum von Bord gehievt und geöffnet, und man kann seine Siebensachen dann herausfischen. Die Gastgeber stehen zu diesem Zeitpunkt schon mit ihren Fahrradwippen (das sind zweirädrige Anhänger) bereit und transportieren das Gepäck (ebenfalls kostenlos) zur Herberge. Die Gäste können gemütlich hinterdrein schlendern, vorzugsweise mit einem Ortsplan bewaffnet. Keine Sorge, die Klamotten kommen nicht weg. Das ist auf Baltrum auch gar nicht möglich.

Falls ein Gastgeber ausnahmsweise mal verhindert sein sollte und nicht am Kai auf der Matte steht, sucht man sich auf dem Wippenparkplatz einfach selbst eine Karre mit der aufgetragenen Hausnummer und nimmt sie in Beschlag.

Ankunft auf Baltrum – im Vordergrund
die allgegenwärtigen Fahrradwippen

Fahrkarten Tickets können bereits durch die **Bahn** ausgestellt oder aus dem **Automaten** am Anleger gezogen werden. Wer ohne Fahrkarte an Bord geht, kann dort an einem speziellen Schalter **nachlösen.** Eine Kontrolle findet erst beim Vonbordgehen statt. Die **Tarife** waren bei Drucklegung dieses Buches wie folgt:

Fähre	Einzelfahrt	Hin- und Rückfahrt*
Erwachsene	13 €	25 €
Kinder 6–14 J.	6,50 €	12,50 €
(darunter frei)		
Hund	5 €	10 €
Fahrrad,	6 €	10 €
Handwagen o.Ä.		
Kitesurfing-Ausrüstung	6 €	10 €
Windsurfing-Ausrüstung	12 €	20 €
Baltrum-Bus		
Erwachsene	5,50 €	10 €
Kinder 6–14 Jahre	2,50 €	4,50 €
Hund	2,50 €	4,50 €
Fahrrad	5 €	

*) zwei Monate gültig

Vor der Reise

005ba Foto: rh

Mit dem Flieger

Es gibt zwei festländische Abflughäfen. Von **Norden-Norddeich** fliegen Baltrum Flug (Tel. 04939-914040) und Frisia (Tel. 04931-93320) im Charterverkehr und sind in acht Minuten auf der Insel. In der Hauptsaison (Ende April bis Ende Oktober) unternimmt die LFH (Luftverkehr Friesland, Tel. 04464-94810, www.inselflieger.de) sogenannte Taxiflüge vom Flugplatz **Harle** nördlich von Wilhelmshaven. Termine jeweils nach telefonischer Absprache.

Mit dem **Auto** ist Harle problemlos zu erreichen, mit der **Bahn** ist es schwieriger. Schuld sind langfristige Gleisarbeiten auf der Strecke Oldenburg – Wilhelmshaven. Der von Süden kommende Zug fährt zunächst bis zum Bahnhof Rastede. Dort steigt man in einen Bus um und lässt sich bis Sande fahren. Dort wartet wiederum ein sogenannter Bäderbus, der einen dann bis Harlesiel transportiert. Flug- und Parkplatz sind gleich neben dem Hafen. Von Mai bis September gibt es auch direkte Linienflüge ab **Bremen.**

Baltrum hat ein eher niedliches Flugfeld neben einer Pferdekoppel vor dem Wattendeich, aber die Gegebenheiten sind durchaus ideal für die Einmot-Maschinen, die dort starten und landen – und ein kleines Abenteuer für die Passagiere.

Auch die Möglichkeit einer kombinierten Flug- und Fährreise sollte man mal in Betracht ziehen.

Flugpreise
- **Frisia/Baltrum Flug:** Norddeich – Baltrum – Norddeich: 180 € für bis zu zwei Personen.
- **LFH:** Taxiflug Harle – Baltrum – Harle 340 € für bis zu drei Personen.

Vor der Reise

Mit dem eigenem Boot

Baltrum gilt als beliebte Anlaufstation für **Segler.** Der **Bootshafen** ist zwar klein, bietet aber immerhin ca. 45 Liegeplätze an Schwimmstegen. Trotzdem ist er im Sommer oft voll belegt. Besser vorher schon mal den Status erfragen, und zwar beim Baltrumer Bootsclub (BBC, Tel. 04939-448). Der Hafenmeister erledigt das Kassieren persönlich. Am Kai gibt's WCs und Duschen. Mit Treibstoff ist auf der autofreien Insel aber natürlich nicht zu rechnen.

Achtung: Eine Ansteuerung des Baltrumer Hafens durch die **Wichter Ee** zwischen Baltrum und Norderney ist wegen vieler **Untiefen** und **starker Brandung nicht möglich!** Der Internet-Service „Skipper Guide" hat Folgendes dazu zu sagen: „Im Seegatt Wichter Ee haben Schiffe nichts zu suchen. Auch wenn es tatsächlich Berichte von Schiffen gibt, die eine Passage geschafft haben sollen, ist von solchen „Abenteuern" dringend abzuraten. Wer die Brandung im Seegatt vor der Nordwest-Küste von Baltrum je mit eigenen Au-

gen gesehen hat, wird auch kein Bedürfnis empfinden, dort durchzufahren. Durch das Watt: Die
Fahrt durch das betonnte **Norderneyer Fahrwasser** (von **Norderney** aus) oder durch das ebenfalls
betonnte **Baltrumer Fahrwasser** (von **Langeoog**
aus) ist, wenn man nicht allzu viel Tiefgang hat,
problemlos möglich. Die Beprickung ist dabei unbedingt einzuhalten, denn es wird an beiden Seiten sehr schnell flach. Da man jeweils über ein
Wattenhoch muss, ist dabei streng auf die Tide zu
achten." Eine „Beprickung", für Laien, ist die Kenn-
zeichnung eines Fahrwassers durch Reisigbesen
auf Stangen, und „Ee" (weiter inland auch „Aa") ist
ein uraltes Wort für Wasser.

Die **Accumer Ee** zwischen Baltrum und Langeoog wird vom „Skipper Guide" nicht gesondert
erwähnt, doch auch diese Passage gilt als nicht
ganz ungefährlich und ist Schauplatz einiger See-
unfälle von Sportbooten gewesen. Die Hervorhe-
bung der sicheren Wattendurchfahrt hat deshalb
ihren guten Grund.

Jeder Bootsführer sollte natürlich auf das Engste
mit den für das **Wattenmeer** geltenden **Vorschriften** vertraut sein. Hier noch einmal ein kleiner
„Refresher":

● Die **Ruhezone** (= Schutzzone I) darf ganzjährig nur auf
den zugelassenen Wegen berührt werden. Das Trockenfallen ist in der Ruhezone grundsätzlich verboten. Erlaubt ist
es nur neben gekennzeichneten Fahrwassern, die die Ruhezone queren. Hier darf man das umliegende Watt in einem Umkreis von 50 Metern betreten und auch auf dem Boot
übernachten.
● In der **Zwischenzone** (= Schutzzone II) darf man mit
dem Boot trockenfallen, umhergehen und den Hund an
der Leine ausführen. Das Übernachten auf dem Boot ist
dort nicht zulässig. Störungen wie Lärm, Lagern und Feuer
sind nicht erlaubt.
● In der **Erholungszone** (= Schutzzone III) sind motorge-
triebene Fahrzeuge nicht zugelassen.
● Außerdem gelten die **zusätzlichen Bestimmungen:** Der
Nationalpark darf außerhalb der gekennzeichneten und in
den Seekarten eingezeichneten Fahrwasser nur während
des Hochwassers (d.h. von drei Stunden vor bis drei Stunden nach dem mittleren Tidehochwasser) befahren wer-

den. Strikte Befahrensverbote gelten für die Robbenschutzgebiete vom 1. Mai bis zum 1. Oktober und für kombinierte Robben- und Vogelschutzgebiete vom 1. April bis zum 1. Oktober.

Für **motorbetriebene Fahrzeuge** kommt noch ein ganzer Schwanz von Geschwindigkeitsregeln hinzu, die die Bootseigner gut beherzigen sollten.

Zu Fuß

Was – zu Fuß? Ja, auch das ist möglich. Und zwar per **Wattwanderung** von **Neßmersiel** aus, und das sogar über einen großen Teil des Jahres hinweg. Organisiert werden diese Touren durch *Martina* (Tel. 04942-204160) oder *Martin Rieken* (Tel. 04941-8260, beide vorzugsweise zwischen 18 und 21.30 Uhr; www.wattfuehrer-rieken.de). Die Termine verschieben sich natürlich mit den Tiden von Tag zu Tag. Die Tour dauert etwa 2½ Stunden, dabei werden sechs bis sieben Kilometer zurückgelegt. Jedermann und -frau kann teilnehmen, mit Ausnahme von herz- und kreislaufkranken sowie gehbehinderten Personen und Kindern unter 8 Jahren. Hunde dürfen mit.

Die **Rücktour** erfolgt normalerweise per **Fähre,** doch an einigen wenigen Tagen im Jahr findet auch eine **Rundwanderung** statt.

Mitzubringen sind fest sitzende Turnschuhe mit dicken Socken oder nur Socken und kurze Hosen, keine Badelatschen. Von Oktober bis Anfang Mai empfehlen sich Gummistiefel und warme Kleidung.

● Eine Wanderung **kostet** 11 € für Erwachsene und 6 € für Kinder von 8 bis 14 (Richtpreise, Änderungen vorbehalten). Die Rückfahrt mit der Fähre schlägt mit 13 bzw. 8 € zu Buche.

Wattwandern kann man auch mit folgenden Veranstaltern (die Programme und Preise sind weitgehend identisch):

● **Johann,** Tel. 04944-913875, im Netz: www.wattwandernjohann.de.

- **Ortelt,** Tel. 04933-1706, www.wattfuehrer.com.
- **Bianca Brüggemann,** Tel. 04941-991216, www.wattwanderung-wattenmeer.de.
- **Eilers,** Tel. 04933-2681, www.wattwanderung-eilers.de.

Für auf Baltrum anlandende Wattwanderer ist ein Kurbeitrag von 2 € (Kinder und Jugendliche von 6 bis 17 Jahren 1 €) fällig, der vom Wattenführer einkassiert wird.

Viele Priele

Von festländischer oder insularer Warte aus **erscheint** das **Watt** bei niedrigen Wasserständen als **homogene Fläche,** glatt und glänzend. Mancher Betrachter hat bei diesem Anblick bestimmt schon mal den Plan gefasst, eine Durchquerung auf eigene Faust zu unternehmen. Was kann schon groß passieren?

So manches. Das Watt ist nämlich keineswegs eine gleichförmige Ebene, sondern es wird von zahllosen, „Priele" genannten **Wasserläufen** durchzogen. Manche sind lediglich **kleine Rinnsale** und lassen sich locker überschreiten. Andere sind **voluminöse Flüsse,** auch bei Niedrigwasser mehrere Meter tief. Sie können komplette dicke Schiffe aufnehmen und **ermöglichen** überhaupt erst die **Zufahrt** zu den **ostfriesischen Festlandshäfen** für tonnageträchtige Fahrzeuge. Sie sind es auch, die das Watt nicht so ohne Weiteres begehbar machen. Wer ihren Verlauf und ihre Eigenarten nicht kennt, steht plötzlich vor solch einem breiten und tiefen Wasserlauf, versucht sich an dessen Ufern weiterzutasten und gerät immer mehr in die Bredouille. Das nächste Land mag trügerisch nah erscheinen, doch es gibt keinen Weg dorthin. Schwimmen? Nach dem kalten Bad wartet vielleicht schon der nächste Priel, und das Dilemma beginnt von Neuem. Außerdem können starke Strömungen an dem Schwimmer zerren und ihn wer weiß wohin tragen. Also schließe man sich doch lieber einer **geführten Tour an.** Deren Organisatoren kennen ihre Priele bzw. deren Furten, und selbst jäher dicker Nebel hat keine Schrecken für sie und ihre Schäfchen.

Behinderte unterwegs

Auf der Insel bietet beispielsweise das Hotel Strandhof behindertengerechte Doppelzimmer (⊅„Unterkunft" im Kapitel „Insel-Info A–Z").

Schwerbehinderte (ab 80 %) erhalten eine Ermäßigung auf den **Kurbeitrag.**

Unterkunft buchen

Es gibt jede Menge Unterkünfte auf Baltrum, wie im Kapitel „Insel-Info A–Z" noch im Detail nachzulesen sein wird. Ein schöner Sommer kann jedoch bewirken, dass alles bis aufs letzte Bett belegt ist. Außerdem haben alljährliche **70 Prozent Stammgäste** sich schon die dickste Scheibe des Kuchens gesichert. Man sollte die Sache also frühzeitig genug angehen. Auf keinen Fall darf man auf gut Glück auf die Insel reisen, um dort nicht obdachlos dazustehen.

Um sich erst einmal einen Überblick zu verschaffen, kann man im Internet herumstöbern (www.baltrum.de oder www.baltrum-direkt.de). Kompaktere Informationen erhält man jedoch durch die Zusendung des **Gastgeberkatalogs „Insel Baltrum",** den man telefonisch (04939-800), per Fax (-8027) oder per E-Mail (kurverwal tung@baltrum.de) anfordern kann. Dort sind alle Herbergen verzeichnet, einschließlich genauer Beschreibungen, Abbildungen und Preisangaben. (Es muss an dieser Stelle erwähnt werden, dass Baltrum **keine Billigdestination** ist. Die Preise liegen etwa im Mittelfeld der Nordseeklausen.) Man kann sich jetzt mit den Gastgebern in Verbindung setzen, um eventuell schon zu einer Buchung zu kommen. Man sollte gezielt nachfragen, ob Kinder oder Hunde genehm sind, was nicht grundsätzlich der Fall ist. Auch Raucher sind immer weniger gern gesehen; manche Häuser nehmen sie gar nicht erst auf.

Vor der Reise

Die **Preise** für viele Unterkünfte sind seit jüngerer Zeit **pro Zimmereinheit** angegeben; sie gelten also pro Übernachtung (andernfalls steht „p.P." im Verzeichnis, pro Person). Üblicherweise wird von einem **Mindestaufenthalt** von fünf Übernachtungen ausgegangen (Fewos länger); ein kürzerer Verbleib ist eventuell mit einem Aufschlag verbunden. Abweichend von der offiziellen **Saisoneinteilung** listet der Katalog drei oder mehr Zeiten auf, die von einer Herberge zur anderen sogar abweichen können. Sie sind jedoch nicht immer in Ziffern angegeben – geheim? Man muss sich also unbedingt erkundigen, welche Saison und mithin welcher Preis gerade aktuell ist, bevor man einen Abschluss tätigt. Selbiger ist, gleich über welches Medium, rechtskräftig bindend, und zwar nach den „Allgemeinen Geschäftsbedingungen für das Beherbergungsgewerbe", die wie folgt lauten:

● Der Gast-Aufnahmevertrag gilt als geschlossen, wenn die Reservierung eines Zimmers oder einer Ferienwohnung vom Gast bestellt und vom Vermieter bestätigt wurde. Für die Bestätigung ist sowohl die schriftliche als auch die mündliche Form bindend. Der Gast-Aufnahmevertrag verpflichtet Gast und Vermieter zur Einhaltung.

059ha Foto: ah

● Der Vermieter verpflichtet sich, dem Gast Zimmer oder eine Ferienwohnung in einwandfreier Beschaffenheit nach gesetzlichen Vorschriften und marktüblichen Gepflogenheiten zur Verfügung zu stellen. Er ist verpflichtet, dem Gast eine andere Unterkunft zu beschaffen oder Schadenersatz zu leisten, wenn er nicht in der Lage ist, das zugesagte Zimmer oder die Ferienwohnung trotz Bestätigung zur Verfügung zu stellen. Der Vermieter verpflichtet sich ebenfalls, reservierte Zimmer oder Ferienwohnungen baldmöglichst anderweitig zu vermieten, wenn der Gast den Vertrag nicht erfüllen kann, und den geleisteten Schadenersatz ganz oder teilweise zurückzuzahlen.

● Wenn der Gast vor dem Beginn des Aufenthaltes vom Vertrag zurücktritt oder später an- bzw. eher abreist, ist er verpflichtet, dem Vermieter für die Tage, an denen er da reservierte Zimmer oder die Ferienwohnung nicht in Anspruch nimmt, den vereinbarten Mietpreis abzüglich der ersparten Eigenkosten zu zahlen. Die Zahlung wird spätestens fällig am letzten Tag der vereinbarten Mietzeit bzw. am Tage der Abreise. Als ersparte Eigenkosten werden in der Regel in Ansatz gebracht: 40 Prozent des Preises für Übernachtung/Vollpension, 30 Prozent des Preises für Übernachtung/Halbpension, 20 Prozent des Preises für Übernachtung/Frühstück, 10 Prozent des Preises für Übernachtung, 5 Prozent für eine Ferienwohnung.

● An- und Abreisetag gelten als Miettag und werden als solcher berechnet. Am Anreisetag stehen dem Gast das bestellte Zimmer oder die Ferienwohnung ab 17 Uhr zur Verfügung. Am Abreisetag muss der Gast das Zimmer oder die Ferienwohnung bis 10 Uhr verlassen, um dem Vermieter Gelegenheit zu geben, es für den nachfolgenden Gast wieder herzurichten.

● Die in der Preistabelle angegebenen Preise gelten pro Übernachtung bei einer ununterbrochenen Mietdauer von fünf Tagen und mehr bei Unterbringung in einem Doppelzimmer. Für Einzelzimmer oder bei kürzerer Aufenthaltsdauer kann ein Zuschlag erhoben werden. Bei Ferienwohnungen gilt der Preis für die gesamte Wohnung bei Belegung mit der vorgesehenen Personenzahl. (...) Letztlich maßgebend ist in jedem Fall der mit dem Vermieter vereinbarte und bestätigte Preis.

Erfüllungsort ist Baltrum, Gerichtsstand Norden.

Da hilft kein Gejaule: In vielen
Unterkünften sind Hunde nicht erwünscht

Eine **Reiserücktrittversicherung** empfiehlt sich, wenn auch hier der Spielraum eng ist. Wenn der Mieter vor Reiseantritt nachweislich und unerwartet ernstlich krank wird, einen schweren Unfall erleidet oder ein nahes Familienmitglied verstirbt, ist eine Erstattung (von 80 Prozent) drin. Aber auch nur dann. Manchmal kann seitens der Vermieter auch auf Kulanz gebaut werden. Wenn im Sommer die Anwärter Schlange stehen, kann der Vermieter schnell eine Lücke auffüllen, ohne dass Paragrafen bemüht werden müssen.

Ansonsten gibt es wenig Kleingedrucktes zu fürchten. Die unselige Endreinigung ist auf Baltrum abgeschafft worden. Wenn ein Vermieter sie trotzdem ins Feld führt, weise man dezent darauf hin, dass sie ungesetzlich ist. Ein total versautes Mietobjekt bedarf allerdings einer Zahlung; dafür wird die Polizei dann schon sorgen.

Wenn es wirklich mal eng werden sollte mit der Unterkunft, wende man sich an die **Zimmervermittlung** Baltrum (Tel. 04931-9383400, www.zimmervermittlungbaltrum.de) oder an *Jan Bengen* (Tel. 04939-447, www.zimmervermittlungaufbaltrum.de). Dabei ist aber zu beachten, dass nicht alle Vermieter diesen Systemen angeschlossen sind.

Die Kurpackung

Gesunde Nordsee

Baltrum nennt sich „Nordseeheilbad" und kann deshalb Anspruch darauf erheben, ein gewisser Gesundbrunnen zu sein. In der Tat sind im wohltuenden **Reizklima** der Nordsee Heilerfolge oder zumindest Linderungen bei diversen **Leiden** zu verzeichnen, spezifisch bei:

- Physischen und psychischen **Erschöpfungssyndromen**
- **Leistungs-** und **Motivationsabfall-Erscheinungen**
- Erkrankungen der **Atemwege,** z.B. chronische Erkrankungen der Nasennebenhöhlen, chronische Bronchitis, Zustand nach Lungenentzündung, Mukoviszidose, Asthma, allergische bronchiale Erkrankungen (Heuschnupfen)
- Erkrankungen des **Bewegungsapparates,** wie Verschleißerscheinungen der Gelenke und Wirbelsäule, rheumatische Erkrankungen, schmerzhafte Veränderungen der Muskeln und Sehnen
- **Hauterkrankungen** wie allergische Ekzeme, Akne, Schuppenflechte, Neurodermitis
- Krankheiten und Entwicklungsstörungen im **Kindesalter,** wie chronische Erkrankungen der Atemwege (Mandelentzündung, Bronchitis, Pseudo-Krupp), Entwicklungsstörungen des Bewegungsapparates, allergische Erkrankungen
- **Herz-** und **Gefäßkrankheiten** wie niedriger Blutdruck, nichtentzündliche Venenerkrankungen

Viele Gebrechen lassen sich einfach in der Nordsee hinfortspülen

Kein Allheilmittel

Dies sind durchweg Gebresten, an denen ein Großteil aller Bundesbürger krankt. Motivationsabfall! Dergleichen ist ein Zeichen dafür, dass mit der deutschen Lebensart irgendetwas im Argen liegt. Schon mal eine Zeitlang aufs Auto zu verzichten scheint irgendwie gut zu tun. Keineswegs heilt die Nordsee aber alle Krankheiten, wie man früher einmal glaubte. Ansonsten würden die Insulaner vor Gesundheit geradezu platzen. Tun sie aber nicht. Vorsichtshalber listet die offizielle Heilbadbroschüre auch diverse **Gegenanzeigen** auf, die eine Kur an der Nordsee nicht empfehlenswert erscheinen lassen. Als da sind:

- Tuberkulose
- feuchte Rippenfellentzündung
- schwere Herzfehler
- Bluthochdruck
- schwere Schilddrüsen- oder Nebennierenrinden-Überfunktion
- entzündliche Gelenkerkrankungen
- Psychosen
- Epilepsie

Die Kur

Frische Luft und warme Sonne allein bewirken, dass man sich bald „gut drauf" fühlt; die Kur als solche trägt ein Übriges bei. Selbige kann von jedem Mitglied einer Kranken- oder Ersatzkasse in Anspruch genommen werden. Ein Gleiches gilt für mitversicherte Familienangehörige. Die sogenannte offene Badekur ist eine **Pflichtleistung** der **gesetzlichen Krankenkassen.** Alle **drei Jahre** kann eine ambulante Badekur beantragt werden.

Das **Prozedere** ist wie folgt: Der Antrag ist beim Haus- oder behandelnden Arzt zu stellen und mindestens drei Monate vor Reiseantritt bei der zuständigen Krankenkasse einzureichen. Nach Rücksprache mit dem medizinischen Dienst entscheidet die Kasse über Art und Höhe der Kostenüber-

nahme. Sie übernimmt die therapeutischen Kosten außer einer zehnprozentigen Eigenbeteiligung, jedoch nicht die für die Unterkunft, die lediglich mit einem Zuschuss von 9 bis 13 € pro Tag vergütet wird. (Eine Erstattung der Übernachtungskosten ist unter Umständen möglich, eine Bestätigung vom Vermieter ausstellen lassen!). Eine Kur dauert drei Wochen, kann aber bei Bedarf verlängert werden.

Man melde sich mit den Unterlagen der Kasse und des Hausarztes in der Gemeinschaftspraxis Althaus/Bach (Westdorf, Haus Nr. 204, Tel. 04939-914010). Mit den dort erhaltenen Verordnungen geht's dann ins **Kurzentrum** im SindBad (⤢„Insel-Info A–Z, Sport und Spiel, Schwimmen"). Im Winter (Dezember bis Februar) finden keine Kuren statt.

Besonders beliebt sind Mucki-Kuren, hinter denen sich **Mutter und Kind** verbergen. Grundsätzlich kann jede Mutter mit psychischen oder körperlichen Beschwerden eine Reha-Maßnahme beantragen. Für berufstätige Frauen gilt: Die Kur wird nicht auf den Urlaub angerechnet. Väter dürfen sich übrigens auch beteiligen.

●**Infos** bei karitativen Stellen oder unter www.muettergenesungswerk.de, Tel. 030-33002929.

Kurtaxe

Da Baltrum also ein Heilbad ist, fällt eine Kurtaxe an. Auch für Inselbesucher, die nur die gesunde Nordseeluft inhalieren wollen und sich einen feuchten Kehricht um Verordnungen und Anwendungen scheren. Sich dagegen aufzulehnen ist zwecklos. Die Taxe ist zu fest im Gefüge der Nordseebäder einbetoniert, als dass man sie zu Fall bringen könnte. Die wortreiche Apologetik, die penibel die Gegenleistungen auflistet, wobei Baltrum keine Ausnahme bildet, lässt ein wenig auf schlechtes Gewissen schließen – aber egal. Vielleicht gelingt eines Tages eine Abschaffung auf dem Umweg über die EU. Bis dahin muss jeder Erwachsene auf Baltrum **3,50 €** pro Tag löhnen, Jungvolk von 6 bis 17 Jahren 1,50 €, und zwar **vom 15. März bis 31. Oktober.** Die übrige Zeit ist beitragsfrei – immerhin! Bei einer Familie werden höchstens vier Personen berechnet. **Tagesgäste** zahlen 2 bzw. 1 €, die in ihrem Fährticket enthalten sind. Eine Jahreskarte ist für 105 € (Kinder und Jugendliche 6–17 Jahre 45 €) zu haben.

Anreise- und Abreisetag gelten als ein Tag. Das Inkasso besorgt der Vermieter. Im Gegenzug gibt's die Kurkarte, die zu allerlei kleinen Vergünstigungen berechtigt.

Die Nordsee

Fragen und Antworten

Manchen Inselurlaubern brennen immer ein paar Fragen unter den Nägeln, zu denen sich keine rechten Antworten finden lassen. Hier ein paar Beispiele:

Kann man im Wattenmatsch bis über die Ohren verschwinden?

Nein. Nur wenn man den Kopf in den Gubbel steckt. Andernfalls ist ein Einsinken selbst bis an die Knie eher selten. Der Schlamm, ohnehin schon recht hart, ist nämlich nicht bodenlos. Dem Watt unterliegt eine Schicht aus verfestigtem Schlick, Sand und Torf (der stellenweise sogar zutage tritt), und da heißt es dann: Non plus ultra.

Meine Kinder sind am Strand immer schrecklich erkältet. Ist das normal?

Ja. Das macht die Luftveränderung. Nach zwei, drei Tagen folgt Gewöhnung, dann Abhärtung. Nach gängiger Lehrmeinung ist dies durchaus nützlich, weil das junge Immunsystem dieserart dahingehend programmiert wird, dass in späteren Jahren weniger Krankheiten auftreten.

Beim Schwimmen gerät mir oft Salzwasser in Mund und Nase. Ist das nicht sehr gesundheitsschädlich?

Nein. Im Gegenteil: Salzwasser trägt zur Hygiene des Rachenraums bei und fördert die Zahngesundheit. Man muss es ja nicht gerade eimerweise trinken. Im Nasenraum beugt Salzwasser Entzündungen und Erkältungen vor. Bei schwerem Schnupfen wird empfohlen, Salzwasser mit der Nase hochzuziehen.

Vorhergehende Seite: Seemöwen
stehen immer mit Blick in Windrichtung

Die Nordsee

Können Umweltgifte im Wasser mir Schaden antun?

Nein. Sie sind vorhanden, aber viel zu stark verdünnt, schon in homöopathischen Dimensionen, um bei badenden Menschen Schäden anzurichten. Das mit dem Eimer hat auch hier Gültigkeit.

An den Stränden liegt immer einiges an Plastikmüll herum. Kommt der von den vielen vorbeifahrenden Schiffen?

Nein. Die Schiffe haben strenge Gesetze hinsichtlich solcher „Entsorgung" zu befolgen, wenn auch das eine oder andere Objekt weiterhin über Bord fliegt. Auch die Insel selbst verfrachtet alle ihre Abfälle penibel sortiert zum Festland. Auf die Badegäste ist ebenfalls kaum etwas zurückzuführen. Fast der ganze Müll kommt aus den Flüssen, in die alles Mögliche hineingeschmissen wird. Es gibt übrigens keinen Strand mehr auf der Welt, und sei er noch so weit entfernt, der nicht mit Plastik zugemüllt ist. (Manche Länder, darunter Australien und China, fassen deshalb die völlige Abschaffung von Plastiktüten ins Auge – lobenswert!) Auf Baltrum werden die Strände regelmäßig gereinigt, um dem Problem vorzubeugen. Man achte auf hohe, immer mit einigem bunten Flatterkram verzierte Stangen am Strand. Dort wird das Zeug gesammelt und abgefahren.

Gibt es in der Nordsee Haie?

Ja. Es gibt sogar einen mitten im Baltrumer Westdorf. Der Rest der über die Nordsee verteilten Arten ist nicht von der gefährlichen Sorte und tritt überdies in Küstennähe so gut wie nie in Erscheinung.

Kann mir bei einer Sturmflut auf der Insel etwas passieren?

Nein. Man muss ja nicht gerade bei Windstärke 12 ein Bad nehmen oder auf der umbrandeten Uferpromenade spazieren gehen. Ein neues Sys-

tem namens „Katwarn" verschickt zudem Meldungen über drohende Katastrophen per SMS. Das funktioniert folgendermaßen: Man sendet eine SMS mit dem Stichwort KATWARN und der relevanten PLZ (für Baltrum 26579) an die Nummer 0172-3554405, und schon steht man auf der Warnungsliste und erhält automatisch eine Nachricht, wenn etwas dräut. Außer den üblichen SMS-Gebühren entstehen keine Kosten.

Im Westdorf findet sich der einzige Hai, der einem während des Baltrum-Urlaubs gefährlich werden kann – wenn man sich das Knie dran stößt ...

Am Strand liegen viele Schalen einer länglichen, platten Muschelart. Sie scheinen sehr scharf zu sein. Kann man sich an ihnen schneiden?

Ja. Unter unglücklichen Umständen schon. Dem Autor liegt ein Bericht über einen Hund vor, der sich (auf Rømø) so an der Pfote verletzte, dass er fast verblutete. Es handelt sich um die Amerikanische Messer- oder Schwertmuschel, die im Jahre 1976 eingeschleppt wurde und sich seither massenhaft verbreitet hat. Ihre Ränder sind in der Tat scharf. Man sollte Kindern untersagen, mit dieser Art von Muscheln zu spielen. Es sind ja genug andere da.

Auf dem Teller sind Messermuscheln übrigens äußerst wohlschmeckend. Vielleicht fühlt sich ein Gastronom auf Baltrum ja einmal bemüßigt, sie zu servieren.

Kann man sich auf Baltrum verirren? Es nebelt doch manchmal sehr stark.

Jein. Auch im dicksten Nebel ist die Möglichkeit kaum gegeben. Die Strandlinie gibt eine unverfehlbare West-Ost-Richtung vor, und wer dem Pfadsystem folgt – einfach drauflos –, kommt irgendwann auch wieder in der Zivilisation an. An Demenz leidende Kurgäste haben sich jedoch schon auf der Insel verlaufen und machten einen Polizeieinsatz nötig. Auch im Watt kann es brenzlich werden (⁊ dazu u.a. Exkurs „Viele Priele"). Deshalb nur an geführten Touren teilnehmen. Wattführer haben das nötige Instrumentarium, um in sichere Sphären zurückzufinden.

Man sieht des Öfteren tote Kaninchen, die offenbar an der Krankheit Myxomatose gestorben sind. Kann ein Mensch oder ein schnüffelnder Hund sich daran infizieren?

Nein. Der Krankheit fallen ausschließlich Kaninchen zum Opfer. Andere Tiere, selbst Hasen, und Menschen sind gegen sie immun. Etwas mehr noch zum Thema ⁊„Sport, Jagen".

Land und Meer

Geschichte der Nordsee

Karbon

War es eigentlich „schon immer" da, unser deutsches Hausmeer? Das ist angesichts der gewaltigen erdgeschichtlichen Umwälzungen schlecht möglich. Aber an die **350 Millionen Jahre** hat die Nordsee schon auf dem Buckel, immerhin. Der Beginn fällt in das Karbonzeitalter, so genannt, weil es riesige Torflagerstätten hinterließ. Später verfestigten sich diese zu Steinkohle (lat. *carbo*), die heute in gerade mal einem Zeitfünkchen von der Menschheit abgefackelt wird. Man darf als sicher voraussetzen, dass es zu jenem Zeitpunkt hierzulande sehr anders aussah als jetzt. Der Großkontinent Pangäa hatte noch nicht einmal mit dem Auseinanderdriften begonnen. Das geschah erst 100 Millionen Jahre später, und die heutigen Erdteile bildeten sich allmählich in grober Form heraus. Aber die Nordsee hatte da bereits Bestand.

Es wird wärmer

Im frühen **Perm** (vor 258 Millionen Jahren, Merkreim: „Da wurd' die Erde wärm") bedeckte das von skurrilen Kreaturen bewohnte **Zechsteinmeer** die heutige Nordsee und Norddeutschland. Doch durch wüstenartige Verhältnisse trocknete dieses urige Meer wiederholt zu großen Teilen aus. Die dieserart entstandenen **Salzablagerungen,** die der norddeutschen Tiefebene unterliegen, sind die größten Europas. Sie werden auf 100.000 km³ geschätzt – man stelle sich einmal einen Block von etwa 46 Kilometer Kantenlänge vor! – und dienen heute bevorzugt dazu, den schlimmsten Dreck in ihnen zu vergraben, den die Menschheit je ersonnen hatte. (Mit Erdgas- und Kohlendioxidspeichern kann man sich im Gegensatz zu atomaren „Endlagern" vielleicht noch anfreunden, solche Kavernen entstehen derzeit in großer Zahl im friesischen Raum).

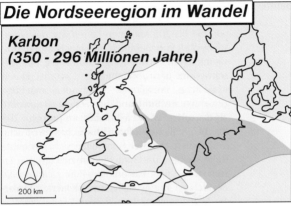

Die Nordseeregion im Wandel

Karbon (350 - 296 Millionen Jahre)

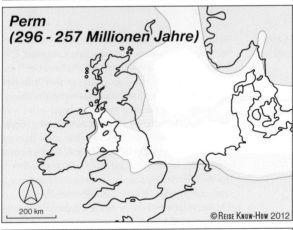

Perm (296 - 257 Millionen Jahre)

© REISE KNOW-HOW 2012

Die Nordsee

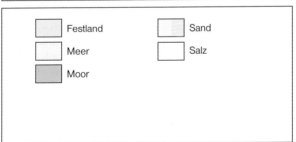

	Festland		Sand
	Meer		Salz
	Moor		

Saurier-Ära

„Trias, Jura, Kreide – Dinosaurier auf der Weide". So geht's weiter mit den Eselsbrücken. Im **Trias** vor 251 bis 205 Millionen Jahren war das Nordseebecken von Gebirgen und Hochländern umsäumt, deren Verwitterungsschutt in die Tiefe geschwemmt und dort abgelagert wurde. Durch neuerliche Pressungen entstanden mächtige Schichten aus **Buntsandstein** – dem „Baumaterial" der roten Felsen Helgolands. Im **Jura** (vor 205 bis 147 Millionen Jahren) herrschten tropische Verhältnisse. **Saurier** tummelten sich, wo heute Kühe weiden, und hinterließen zum großen Erstaunen heutiger Paläontologen im zahmen Niedersachsen ihre gewaltigen versteinerten **Skelette,** die man eigentlich ganz woanders auf der Welt vermutet hatte.

Warm und kalt

In den folgenden Jahrmillionen gab es immer wieder Wechsel zwischen Warm- und Kaltzeiten. Die letzteren, die erst vor ca. 11.000 Jahren ein Ende nahmen, führten zur Bedeckung großer Teile des nordeuropäischen Raums mit Gletschereis. Durch die Eisbindung **fiel der Meeresspiegel** jedes Mal um bis zu 100 Meter, und die Nordsee lag überwiegend trocken. Da diese Gefilde zum damaligen Zeitpunkt schon **besiedelt** waren, gibt es mitten in der heutigen Nordsee Anzeichen früherer menschlicher Präsenz; Fundsachen in Fischernetzen, z.B. auf der Doggerbank, künden davon.

Doch dann wurde es rasch wieder warm, und durch das **Abtauen der polaren Eismassen** folgte ein unablässiges Ansteigen des Meeresspiegels. Die sich von Skandinavien heranschiebenden und bis weit nach Deutschland vorstoßenden mächtigen Gletscher hatten das Terrain flachgehobelt und gesenkt, und in diese Ebenen sprudelte die See jetzt munter hinein. Ab 13.000 v. Chr. wütete sie bereits wieder über der einst bewohnten Doggerbank, und vor etwa 6000 Jahren erreichte sie schon fast ihre jetzige Küstenlinie. Nur 3000 Jahre später, die Pyramiden wurden bereits gebaut, brach sie durch eine alte Gletscherrinne und schuf dieserart den Englischen Kanal.

Immerhin fünf bis sechs Meter niedriger lag der Meeresspiegel damals noch. Doch der Auffüllvorgang hielt weiterhin an – und er setzt sich bis heute fort.

Ökologie und Ökonomie

Keine Karibik

Was da an die Baltrumer Strände schwappt, ist nicht gerade kristallklar und türkisblau. Sachkenner bezeichnen die Färbung des Wassers gern als „ökobraun" und grinsen sich eins dabei. Man lasse sich von diesen Hintergedanken jedoch nicht anstecken. Das „Ökobraun" ist nämlich keineswegs auf solche Einleitungen zurückzuführen, an die man gerade schaudernd denken mag, denn insofern ist die Nordsee geradezu **vorbildlich rein** – modernste Kläranlagen machen's möglich. Die **schlammige Färbung** wird durch Schlick-, Plankton- und Algenpartikel bewirkt, und obwohl sie nicht so schön anzuschauen ist, sind von ihr keine Gesundheitsschäden zu befürchten. Ganz im Gegenteil, die Stoffe gelten sogar als gesund und werden in konzentrierter Form (unter dem Begriff „Fango") medizinisch eingesetzt.

Dreckiges Meer

Sobald die Flut hineinströmt, wird das Wasser ohnehin transparenter, und dies ist dann auch der richtige Zeitpunkt für Badefreuden. Es hat allerdings einiges an Aufwand gekostet, diesen Status zu erreichen. Um die Mitte des 20. Jahrhunderts war die Nordsee **eines der dreckigsten Gewässer der Welt.** Die beiden deutschen Teilstaaten rüsteten ihre industriellen und landwirtschaftli-

Bernstein auf Baltrum

Nanu? – wird jetzt mancher fragen. Ist Bernstein nicht ein „Produkt" der **Ostsee?** Das ist er in gewisser Weise. Die dortigen Vorkommen werden auf vier Milliarden Tonnen geschätzt. Milliarden! Tonnen! Das sind die weltgrößten Lagerstätten. Aber Bernstein findet sich auch in vielen anderen Teilen der Erde. Große Vorkommen gibt es zum Beispiel in der Dominikanischen Republik, in Jordanien, im Baskenland, in den USA – und eben an der Nordsee.

Genau genommen handelt es sich gar nicht um einen „Stein", sondern um das **verhärtete Harz,** das – im Fall von Nord- und Ostsee – vor 50 bis 200 Millionen Jahren von **tropischen Baumriesen** im heutigen Skandinavien und Westrussland hinabtropfte und später von Gletschern in unsere Gefilde transportiert wurde. Unsere frühen Vorfahren im alten Germanien waren mit dem Stoff bereits bestens vertraut, und obwohl sie ihn ganz profan als **Feuerungsmaterial** („Brennstein") benutzten, war ihnen dessen Verarbeitung zu Schmuckstücken ebenfalls nicht unbekannt. Unter den Bewohnern des Mittelmeerraums waren diese Preziosen sehr beliebt; für ein besonders schönes Exemplar erhielt man einen kompletten Sklaven. Schon vor der Zeitenwende gab es einen regen **Handel** mit dem Baumgold.

Die Wahrscheinlichkeit, heute noch auf den Nordseeinseln auf Bernstein zu stoßen, ist jederzeit gegeben, auch auf Baltrum. Sogar von faustgroßen Fundstücken wird berichtet. Bei den ständigen Abtrags- und Anbauprozessen der insularen Substanz ist es kein Wunder, dass Bernstein immer wieder angespült oder freigelegt wird. Die besten Chancen hat man auf dem **West-** und **Ostende der Insel,** vor allem nach **Stürmen** aus **Nordwest** und danach abflauenden Winden aus nördlichen Richtungen, und dann entlang der **Hochwasserlinie.** Als gute Fundstelle wird das Strändchen zwischen Anleger und erster Buhne im Westen Baltrums bezeichnet. Wirkliche Riesenbrocken und solche mit eingeschlossenen Insekten oder Pflanzenteilen (Inklusen) sind jedoch extrem rar. Aber selbst für solche Glücksfunde erhält man keinen Sklaven mehr. Wahrhaft edle (aus Litauen importierte) Inklusen-Exemplare kann man jedoch käuflich erwerben, und zwar bei **Balteringe und Witte Sand** (im Ostdorf Haus Nr. 27, Tel. 04939-568, www.balteringe.de).

Niemand hat übrigens etwas dagegen, wenn man sich die Funde in die Tasche steckt. Inselvögte, die ein Votum einlegen würden, sind schon vor Langem abgeschafft worden, und wertvoll wie Edelsteine sind die Trouvaillen ohnehin nicht.

Eine Rarität: Bernstein mit Spinnen-Inkluse

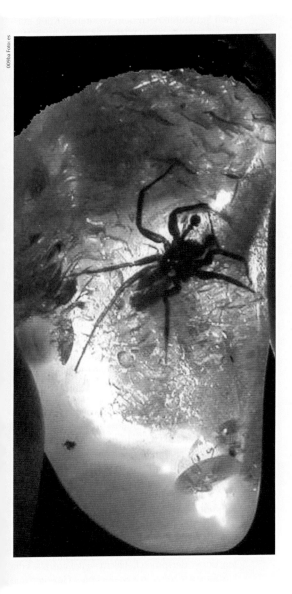

Die Nordsee

chen Strukturen nach dem verlorenen Krieg massiv auf, und das ohne Rücksicht auf Verluste. Was dabei an Abfällen entstand, wurde hemmungslos in die Walachei gekippt, nur Geld zählte. Das meiste dieses ekligen Frachtguts landete in den Flüssen und somit letztlich im Meer, dem selbsternannte Fachleute flugs eine unendliche Absorptionsfähigkeit attestierten. Tausende Frachtschiffe ließen ihr Ölrückstände ungehindert ab, die dann an die Strände trieben und den Badegästen „Teerfüße" bescherten, über die man schimpfte, aber sie ansonsten als ganz selbstverständlich hinnahm. Das gehörte halt zum Fortschritt.

„Nachttopf"

Was weniger sichtbar im „industriellen Nachttopf" landete, wie die Nordsee bald von kritischen Beobachtern sarkastisch betitelt wurde, war von ganz anderen Dimensionen und gar nicht fortschrittlich. Darunter befanden sich **Giftstoffe** von beklemmender Lebensfeindlichkeit, die sich immer stärker in Seegetier anreicherten und schließlich über die Nahrungskette auch die Krone der Schöpfung nicht verschonten. Da zwar allerlei Meeresfauna starb, am sichtbarsten Tausende von Seehunden, aber kein nennenswertes Menschensterben zu verzeichnen war, ging es erst einmal munter weiter mit dem schändlichen Tun. Von Verursacherseite sah man allerdings schon bald die Notwendigkeit, **verharmlosendes Vokabular** ins Feld zu führen. Von „Eintragungen" und „Freisetzungen" war jetzt die Rede, das klang so schön beschwichtigend. Auch wurden die „Selbstheilungskräfte der See" wiederholt herbeibemüht, die vorgeblich alle Eintragungen zur Gänze absorbierten. Und was dann noch übrig blieb, wurde von den Gezeiten in den fernen Atlantik geschwemmt und konnte kein Unheil mehr anrichten; der Widerspruch fiel nicht weiter auf. Dass die Nordsee gar keine so ausgedehnten Gezeiten aufweist, sondern sogenannte Mitschwingtiden, die als Welle von Nordwesten in das Becken hineinlaufen und sich gegen den Uhrzeigersinn an den Küsten entlang ausbreiten, blieb dabei unerwähnt.

Umschwung

Doch schon in den 1970er, spätestens aber zu Beginn der 1980er Jahre machte sich in Teilen der Bevölkerung das Empfinden breit, auf einem ständig anwachsenden Müllhaufen zu leben. Der Keim eines ersten **Umweltbewusstseins** begann zu sprießen und wuchs stetig an. Öko-Aktivisten, allen voran die Organisation Greenpeace, traten in Erscheinung, zunächst als „grüne Spinner" diffamiert und noch heute von der Nachttopf-Lobby als „Körner-Apostel" (Focus, 2011) verhöhnt. Aber auch die Politik geriet endlich in Bewegung, nachdem die Erkenntnis sich in einigen ihrer raren hellen Köpfe durchgesetzt hatte, dass die Uhr auf fünf vor zwölf stand. Die Idee, aus dem besonders gefährdeten **Wattenmeer,** Kinderstube der Nordseefauna, einen geschützten **Nationalpark** zu machen, erhielt in letzter Minute zusätzlichen Antrieb, als umnachtete Unternehmer Tragflächenboote über die Flachsee donnern lassen wollten. Unter Zeitdruck gewann das Konzept deshalb rasch an Gestalt. Es wurde letztlich mit aller Macht durchgepaukt, ein Zeichen für seine Unumgänglichkeit. 1986 erhielt das 525.000 Hektar große Areal vom niederländischen Den Helder bis zum dänischen Esbjerg den angestrebten Schutzstatus. Zunächst per Verordnung, 1999 per Gesetz. Das heißt nicht, dass die Nordsee über Nacht zur tropischen Lagune wurde. Noch über die ganzen 1990er Jahre hinweg war sie weiterhin Quell verstörender Nachrichten: Seehundsterben, Vogeltod, Algenblüte, Ölpest. Aber nach und nach stellten sich Verbesserungen ein. Am 26. Juni 2009 kam es sogar zum ultimativen Ritterschlag. Die Nordseewatten wurden Teil des **UNESCO-Welt-**

Die Nordsee

naturerbes und stehen damit auf gleicher Stufe mit Weltwundern wie dem Grand Canyon und Australiens Großem Barriereriff.

Ablehnung

Man sollte in der Tat denken, dass diese Ehrungen, um die sich alle Welt reißt, von den Nordsee-Anrainern mit offenen Armen willkommen geheißen wurden. Doch nein: Allein die **Durchsetzung des Parkstatus** wurde von wütenden **Protesten** begleitet, die gebietsweise schon das Format kleiner Bürgerkriege annahmen und die, wie sich ahnen lässt, geschickt „von oben" gesteuert wurden. Klein-Baltrum tat sich bei diesen Aufständen mit besonders lautem Gekläff hervor. Sogar vor der EU-Kommission in Brüssel wurde geklagt, und wenn auch nur ein paar Peanuts dabei herauskamen, hatte man die Genugtuung, der verhassten Nationalparkverwaltung und ihrer unerträglichen Bevormundung eins übergebraten zu haben.

Auch gegen die in der Nordsee entstehenden **Windparks** wurde – und wird – gemurrt, offenbar nur aus Reflex. Die Riesenspargel sind fürwahr keine Schönheiten, und die Seefahrt freut sich auch nicht über diese Navigationshindernisse. Ob sie der Tierwelt Schaden zufügen, ist noch nicht ganz geklärt. Aber von den Inseln sind sie gar nicht zu sehen, und die Kabeltrassen verschwinden schnell im Wattenmatsch. Versteht sich, dass man auf den Strom für das abendliche Fernsehprogramm auch an der Küste nicht verzichten möchte.

Vorbereitungen für die UNESCO-Auszeichnung gerieten bereits 2001 in Gang, doch sie stießen auf heftigste Ablehnung. Durch den Nationalpark hätten die Küstenbewohner schon eine ganze Reihe von **Einschränkungen** erfahren, argumentierte ein lokalpolitischer Wichtigtuer und ließ durchblicken, dass man an dem hohen Orden, der da verliehen werden sollte, kein Interesse hätte. Selbst der anwesende **UNESCO-Vertreter wunderte**

Die Kriterien der UNESCO

Hinter dem Kürzel verbirgt sich die „Organisation der Vereinten Nationen für Bildung, Wissenschaft, Kultur und Kommunikation". 186 Staaten gehören dieser Konvention an, wichtigstes Übereinkommen aller Völker zum **Schutz ihres kulturellen und natürlichen Erbes** mit dem Ziel, die Welterbestätten für nachfolgende Generationen um ihrer selbst willen zu erhalten.

Bei Drucklegung dieses Buches gab es **211 Weltnaturerbestätten** auf unserem Planeten. Die geringe Zahl sagt schon viel über den Seltenheitswert dieser Naturdenkmäler aus und darüber, welche Ehre sich mit der Titelzuteilung verbindet. Die **Kriterien** der UNESCO auf diesem Feld sind **äußerst streng.** 2009 wurde ein Titel sogar wieder aberkannt, nämlich im Fall der **Kulturlandschaft Dresdner Elbtal,** die durch den Bau der Waldschlösschenbrücke irreparabel verschandelt worden war. Eine für Deutschland äußerst peinliche Niederlage. Den Verursachern war sie aber scheinbar völlig egal, einschließlich des befragten Volkes, das mit 67,9 Prozent für den Bau votierte: Freie Fahrt für freie Bürger, was schert uns die UNESCO! Eine ähnliche Blamage teilt sich die Bundesrepublik nur mit dem Oman, wo ein Naturschutzgebiet plötzlich über Nacht um 90 Prozent kleiner wurde.

Zu den Kriterien gehören „außergewöhnliche Beispiele im Gang befindlicher geologischer oder ökologischer Prozesse" und die „biologische Vielfalt der bedeutendsten und typischsten Lebensräume, einschließlich bedrohter Arten von außergewöhnlichem universellem Wert..." Die Messlatte ist mithin sehr hoch angelegt, und wer sie erreicht, ist sicherlich (außer den Dresdner Brückenbauern) sehr stolz darauf. Oder?

sich: „Wir sind selten in der Lage, dass wir für das Programm werben müssen", führte er aus. „Normalerweise müssen wir eine ungeheure Zahl von Bewerbungen abwehren." Und er fügte hinzu: „Das Wattenmeer erfüllt die Kriterien. Es ist ein einzigartiger Naturraum von universaler Bedeutung. Wir können uns der Verantwortung, die uns dieser Schatz auferlegt, nicht entziehen." Und: „Das UNESCO-Weltnaturerbe-Prädikat ist das wertvollste touristische Label, das es weltweit gibt."

Als es dann im **Juni 2009** so weit war, entstand noch einmal ein furchtbarer Krach um den Ritterschlag, den niemand in Empfang nehmen wollte.

Die Nordsee

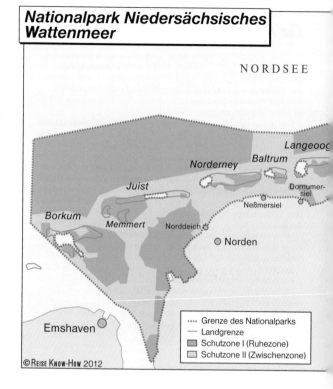

Nationalpark Niedersächsisches Wattenmeer

NORDSEE

Langeoog

Baltrum

Norderney

Juist

Dornumer-siel

Neßmersiel

Borkum

Memmert

Norddeich

○ Norden

Emshaven

···· Grenze des Nationalparks
— Landgrenze
■ Schutzone I (Ruhezone)
□ Schutzone II (Zwischenzone)

©REISE KNOW-HOW 2012

Es war außer dem Wattenmeer selbst eben keiner von Ritterformat da, der diese Auszeichnung verdient hätte.

Die Widersacher der bitter nötigen Maßnahmen ließen bei den Krakeelereien stets unerwähnt, dass ihnen die **Objekte** ihrer Proteste **gar nicht gehören.** Weder das Wattenmeer noch die insularen Wildnisgebiete stehen in Privatbesitz, sondern sind das **Eigentum von Bund und Ländern.** Selbige bringen auch aus Steuermitteln die **Gelder** für den Küstenschutz auf, die die betroffenen Gemeinden ohne Widerworte gern akzeptieren, weil sie sonst absaufen würden.

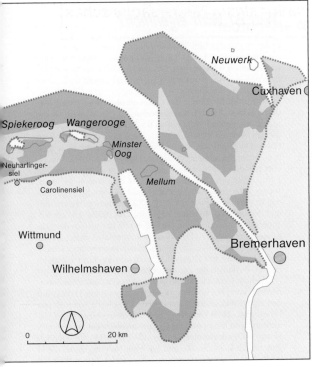

Gesundung

Inzwischen haben sich die Fronten beruhigt. Die
einstigen Wortführer sind abgelöst worden oder
haben eingesehen, dass der neue Status ihnen
eher gut tut. Manche haben sogar eine **Kehrtwende**
vollzogen und monieren jetzt zahlreiche
Schlupflöcher in den relevanten Vorschriften, die
teilweise zum Aufweichen des Schutzstatus beitragen,
zumeist im Zeichen der Tourismusförderung.
In der Tat blüht und gedeiht der **Fremdenverkehr**
als ziemlich **einzige Einnahmequelle der Inseln,**
was bei verdreckten Stränden und verseuchtem

Was ist Watt eigentlich?

Leute, die da glauben, das Wort hätte etwas mit **„waten"** zu tun, sind schon auf dem richtigen Dampfer. Im Watt wateten schon die alten **Germanen,** von denen das Wort stammt. Mit der Messung des elektrischen Energieverbrauchs existiert jedenfalls keine Verbindung.

Watt ist **im Rhythmus der Gezeiten überfluteter und wieder trockenfallender Meeresboden.** Es gibt Watten, so die Mehrzahl, natürlich nicht nur an der Nordsee, sondern auf der ganzen Welt mit Einschluss der Tropen, wo sogar die größten Flächen zu finden sind. Nur im Nordseebereich sind sie jedoch in einem Maße ausgeprägt, das seinesgleichen auf Erden sucht. Hier gibt es ein extrem niedriges Gefälle von teilweise wenigen Zentimetern pro Kilometer, wodurch sich Sedimente leicht absetzen, zahlreiche Flussmündungen mit viel Ablagerungsmaterial, Trockenlegung durch Gezeitenhübe von zwei Metern und mehr sowie Sandbänke und Inseln als Schutzwälle. (Die nächstähnlichen Watten in Europa befinden sich übrigens in der portugiesischen Algarve.) Dass diese phänomenale Landschaft erst in allerjüngster Zeit als dringend schützenswert erkannt wurde, lässt Menschen heute nur den Kopf schütteln. Haben die damals die Zusammenhänge nicht begriffen?

Offenbar nicht. Die **Ökologie** des Watts ist nämlich außerordentlich **komplex** und **empfindlich** wie ein rohes Ei. Was auf den ersten Blick grauschlammig und tot erscheint, wimmelt von Leben. Etwa **2000 Tierarten** leben in diesem einzigartigen Naturraum, und bis zu **60.000 Organismen** wuseln unter einem einzigen **Quadratmeter** Wattenboden, manche, wie Kieselalgen, winzig klein. Sie alle sind Teil einer Nahrungskette, die in letzter Konsequenz auf unseren Tellern endet. Ist das Watt tot, herrscht auch auf denen Ebbe.

Die Rede war in diesem Kapitel ausführlich von einer solchen **Gefährdung** gewesen, der sich allerdings auch das Watt selbst entgegenstemmt. Seine schwierige, fast unmögliche Erschließbarkeit hat bislang einer tausendjährigen Einflussnahme durch den Menschen erfolgreich widerstanden und es am Leben erhalten. Jetzt kommt jedoch eine weitere, ernstere und zum Teil ebenfalls menschengemachte Bedrohung hinzu. Das **Ansteigen des Meeresspiegels** durch die sich erwärmende Erde ist in unseren Breiten nicht unbedingt mit akuten Katastrophenszenarien verbunden; die Inseln werden uns noch auf längere Zeit erhalten bleiben. Sollte das Wattenmeer indes dauerhaft überschwemmt werden, und viel fehlt nicht mehr dazu, dann stirbt es. Die Vorstellung ist keine angenehme. Aber es gibt auch Lichtblicke (⟲„Ökonomie und Ökologie").

Mehr zu Fauna und Flora des Watts ⟲„Baltrums Natur".

Die Nordsee

Wasser nicht der Fall wäre, und die **geldwerten Förderungen** der UNESCO sind auch nicht von Pappe. Der Titel bringt den in und am Wattenmeer liegenden Kommunen nämlich nicht nur Renommee, sondern auch bares Geld. Im Jahre 2010 winkten für die mit einem UNESCO-Welterbe-Titel dekorierten Gemeinden 83 Millionen Euro Fördermittel – dagegen protestiert keiner mehr! Aber es gilt ständig auf der Hut zu sein, um das Erreichte nicht wieder preisgeben zu müssen. In den Startlöchern lauern weiterhin die Knechte multinationaler Konzerne, die gern ihre Ölbohrmeißel inmitten von Seehund- und Vogelkolonien ansetzen würden oder die noch halbwegs unschuldigen Inseln mit Beton verkleistern möchten. Doch solche Frevel prallen, wie auch andere, größere, an der aktuellen politischen Ausrichtung der Bundesrepublik ab. Wer die schönen Nordseestrände, die einen weltweiten Vergleich durchaus nicht zu scheuen brauchen, einmal genossen hat, wird sagen: Das ist auch gut so.

Dramatische Lichtverhältnisse mit imposanten Wolken

Klima und Wetter

Als Klima bezeichnet man die langfristigen und großflächigen Vorgänge in der Erdatmosphäre, über Zeiträume von Jahren oder mehr hinweg. Wetter ist das kurzfristige und kleinflächige Geschehen mit einem Umfang von höchstens ein paar Tagen. Schlauberger, die schon im Januar einen bombigen Sommer in Aussicht stellen, können sich ein günstiges 50:50-Potenzial zunutze machen: Liegen sie richtig, wenn es der Zufall will, sind sie der große Zampano, hauen sie daneben, backen sie eine Zeitlang ganz kleine Brötchen. Im nächsten Jahr hört man dann wieder von ihnen.

Baltrum liegt im Bereich eines **gemäßigten,** sommerkühlen und vom Golfstrom beeinflussten **Seeklimas.** Durch die ausgleichende Wirkung der Nordsee herrschen insgesamt **geringere** tages- und jahreszeitliche **Temperaturschwankungen** als auf dem Festland. Durch die exponierte Lage **verschiebt** sich aber alles ein bisschen; so tritt der Frühling etwa zwei Wochen später ein.

Die **Nordseeinseln** haben einen entscheidenden Heimvorteil: Ihnen eigen ist im Jahresmittel ein um mehrere Punkte freundlicheres Wetter als auf dem Festland. Dort kann man oft dicke Regenflagen sehen, während auf den Eilanden die Sonne lacht. Im Mittel ist die **Niederschlagsmenge niedriger** und die **Sonnenscheindauer höher** als hinter den Deichen.

Der **sonnigste Monat** auf den Inseln dürfte der **Juni** sein. Nicht durchgängig und auch nicht garantiert, aber ein schöner Juni ist häufig mal dabei. Auf einen „goldenen Oktober" kann man ebenfalls des Öfteren zählen. 2011 gab es nach dem verregneten Sommer einen besonders sonnigen mit prächtigen Lichtverhältnissen im Nordseebereich.

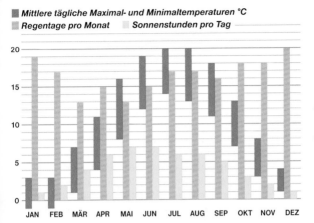

■ Mittlere tägliche Maximal- und Minimaltemperaturen °C
■ Regentage pro Monat   ■ Sonnenstunden pro Tag

Die Nordsee

Wetterberichte

Klimatische Daten sind in unseren Breiten von den Jahreszeiten bestimmt, und insofern lassen sich schon Prognosen erstellen: Im Winter ist es kälter als im Sommer. Das Wetter lässt sich jedoch nur für etwa **drei Tage** einigermaßen genau voraussagen, darüber hinaus verliert die Prophezeiung immer mehr an Präzision. Was Rundfunk und Fernsehen von sich geben, erfüllt diese Sachverhalte schon recht gut. Wer's noch genauer wissen will, begebe sich ins Internet. Unter **www.wetteron line.de** kann man dort „Baltrum" eintippen und erhält für die nächsten sechs Tage eine ziemlich präzise Vorhersage. Das Eintreffen von **Regen** lässt sich durch Anklicken von „Radar" **auf die Minute genau** ermitteln. Man hat dieserart die aktuelle Entwicklung direkt vor Augen. Das ist schon insofern von Vorteil, als das Wettergeschehen im Seebereich sich in der Norm so schnell verlagert, dass die Meteorologen mit ihren Berichten oft hinterherhinken.

Auf den Aussagegehalt von Bauernregeln, „Hundertjährigen", Mondwechseln und dergleichen sollte man nichts geben. Man kann sich aber auch seinen **eigenen Wetterbericht** zurechtbasteln. Dazu muss man wissen, dass die Nordsee sich im Bereich der sogenannten **Westwindtrift** befindet. Vom Atlantik eintrudelnde Tiefdruckgebiete ziehen nämlich zumeist mittig auf östlichen Kursen durch sie hindurch. Da sich Winde um ein Tief grob gesehen gegen den Uhrzeigersinn drehen, ist bei dessen Annäherung mithin mit einer südwestlichen Strömung zu rechnen, und bereits zu diesem Zeitpunkt lässt sich eine Verschlechterung voraussagen. In der Tat stellt sich jetzt schon bald regnerisches Wetter ein, das auch bei einer Winddrehung auf West anhält. Nördliche Winde, die als Nächstes kommen, sind naturgemäß kälter und werden von Schauern begleitet. Alsdann klart es auf – hoffentlich –, und **„Rückseitenwetter"** ist angesagt, das sich durch klare Sicht und prächtige Wolkenstimmungen auszeichnet und – nochmals hoffentlich – Hochdruck im Gefolge hat.

Richtige Kleidung

„Das Wetter ist immer richtig, nur die Klamotten nicht." So frotzelt man an der Küste, und da ist viel Wahres dran. Extreme sind an der Nordsee eher selten, aber auf **wechselhafte Verhältnisse** muss man schon vorbereitet sein. Allein wenn der Wind mal auf Nord dreht, kann es recht frisch werden. Deshalb gehört ein warmer Pullover ins Reisegepäck, und ein wetterfester „Friesennerz" (Regenjacke) kann ebenfalls nicht schaden. Denn wenn es stramm pustet, ist kein Regenschirm gegen Niederschläge gefeit, sondern löst sich bald in seine Bestandteile auf. (Mitnehmen sollte man ihn dennoch, er ist auch gegen zu viel Sonne nützlich). Schwere Wanderschuhe sind fehl am Platze. Tennistreter reichen vollkommen auf jedem Baltrumer Terrain, und wer mit Badeschlappen gehen kann, der tue das, sofern er nicht sogar nackte Füße vorzieht.

Am **Strand** möge jeder nach seiner Fasson selig werden. In den Ortszentren ist Badekluft jedoch nicht gern gesehen, und allzu freizügig sollte man sich auch in Hotels und Gaststätten nicht geben, um kein Stirnrunzeln zu ernten. Formale Kleidung ist andererseits zu keinem Zeitpunkt nötig.

Unterm Strich wärmer?

Über die vergangenen paar Jahre hinweg hatte sich im Nordseeraum fast in jedem Sommer satter Hochdruck aufgebaut und mit viel Sonne die Badefreuden versüßt. „Der Temperaturanstieg der Nordsee wird zur Regel", propagierten Klimaforscher 2008. Mit 1,7 Grad über den Durchschnittswerten sahen sie untrügliche Anzeichen für den **Klimawandel,** welcher, auch da herrscht wissenschaftliche Übereinstimmung, ohne Zweifel stattfindet und zum großen Teil menschengemacht ist. Doch dann kam ein eiskalter Winter auf 2011 und ein darauf folgender total vermurkster Sommer. Da brachen die Widersacher der globalen Erwärmungstheorie in lautes Triumphgeheul aus: „Alles Käse!" Dass es im gleichen Zeitraum in Texas so glühend heiß wie nie und unter dem Strich ein weltweiter Zuwachs zu verzeichnen war, übersahen sie geflissentlich.

Was soll man nun wirklich noch glauben? Von Essenz ist, was man nicht glauben sollte. Nämlich Darstellungen in industriehörigen Medien, die die **Erderwärmung schönreden,** indem sie seitenlang einhergehende Vorzüge aufzählen (von denen einige keineswegs unwahr sein müssen), ein Stück weiter oder in der nächsten Ausgabe jedoch abstreiten, dass die Temperaturen überhaupt steigen. Für beide Varianten werden dann diverse Koryphäen herangezogen, alle mit Doktor- oder Professorentiteln, die sich geistvoll, aber nicht ohne Häme, über das andere Lager auslassen. (Einer verstieg sich sogar zu der These, Meeresinseln würden „durch erhöhte Sandanhäufung" größer –

Die wundersame Welt der Wolken

Die Nordsee ist eine Weltregion, über der einige der wundersamsten Wolkenformationen schlechthin entstehen. Manch einem Binnenländer schwebt der deutsche Norden als grau in graues Jammertal vor – bis er bei Anreise eines Besseren belehrt wird ...

Die schönsten Tage am Nordseestrand stellen sich ein, wenn der Wind hinter einem abziehenden Tief auf nördliche Richtungen dreht – „Rückseitenwetter". Dann wird die Luft klar wie Glas, die Horizonte rücken zusammen, und der **„hohe Himmel"** tritt in Erscheinung, der früher so die **Maler** anlockte. Darunter im Herbst 1923 den berühmten **Paul Klee,** der samt Gattin *Lily* und Sohn *Felix* gleich drei Wochen lang auf Baltrum blieb und in dieser Zeit nicht weniger als 16 Aquarelle und drei Zeichnungen anfertigte. Heute gelten *Klees* eigenwillige „Nordseebilder" als Teil einer separaten Stilepoche des Künstlers. Er auch sah wohl das Firmament als große Glocke, die das Licht von allen Seiten strahlen und die resultierenden intensiven Farben alles andere als grau in grau erscheinen lässt. Die Maler sind keineswegs ausgestorben, aber eine eigentliche Künstlerkolonie bildete sich auf Baltrum nie heran. Heute ist die Nordsee eher ein Eldorado für **Fotografen.**

Ein wolkenlos strahlender blauer Himmel ist an der Küste nicht oft zu sehen. Gott sei Dank, denn der ist langweilig. Bald sehnt man sich nach ein paar Wolken. Und keine Sorge, sie ziehen verlässlich heran, in Gestalt ganzer Schlösser, Paläste, Türme und Zinnen am Firmament. Obwohl vieltonnenschwer, schweben diese Dampfgebilde hauchzart und federleicht dahin, gewaltige Landschaften formend und dazu führend, dass das kleine Menschlein dort unten in Überwältigung versinkt. „Das ist's, was mich hier so entzückt", dichtete *Christian Morgenstern* an der Nordsee, „die unbedingte Weite, der Horizont in Tief' und Breite verschwenderisch herausgerückt." Dem Barden werden wir später im Buch mit einer Hymne auf die Möwe noch einmal begegnen.

Und erst die **Sonnenauf- und -untergänge!** „So muss es auf dem Saturn aussehen, oder zumindest im tropischen Monsunia", kommt einem oft in den Sinn, wenn die brodelnden, in ständiger Neugestaltung befindlichen Wolkenmassen das Sichtfeld füllen. Dagegen beginnt unsichtbar himmelstrebendes Wasser zu neuen Meeren zu kondensieren, riesige weiße Ozeane zu bilden, und man steht da und staunt. „Wie herrlich die Welt!" Dies rief ein weiterer deutscher Dichter aus, der die Anmut unseres Planeten ebenfalls zu schätzten und zu lieben wusste: *Joseph von Eichendorff.*

er hätte es auf Satellitenbildern genau gesehen. Da werden sich die Baltrumer aber freuen!) Verlogenheit in Reinkultur! Postillen dieser Art, von denen einige höchst seriös daherkommen, sollte man gleich in die Ecke feuern.

Auch den Klimatologen per se sollte man nicht blind über den Weg trauen. Sie sind ein untereinander zerstrittener Haufen, der auf jede Menge Schlampereien, Fälschungen und Schiebungen zurückblicken kann, und in dem man sich in Hinblick auf die einzig wahre Lehre spinnefeind ist. Auch vertreten so manche von ihnen, wie gerade ausgeführt, verschiedene **wirtschaftliche** und **politische Interessen** und hängen ihr Mäntelchen dementsprechend in den Wind. Wer Fragen hat, ist besser bedient, statt vor- und zurückrudernder Wind-und-Wolken-Dampfplauderer einen **Rückversicherungsfachmann** dahingehend zu konsultieren, was denn nun Sache ist. Der wird einem bestätigen, dass die 1990er Jahre alle Klimarekorde schlugen, dass sich die Zahl schadensrelevanter Überschwemmungen seit 1980 verdreifacht und diejenige von Stürmen verdoppelt hat. Und dass ihn nicht die Bohne interessiert, dass es vor 10.000 Jahren auch schon mal schrumpfende Eismassen gab und die Erde dadurch nicht unterging. Zur Kasse gebeten wird er nämlich jetzt.

Der Bezug auf frühere Warm- und Kaltzeiten ist zu billig, um heutzutage als Argument ins Feld geführt zu werden. Damals war die Menschheit kaum fühlbar von ihnen betroffen, denn sie konnte ja ein Haus weiterziehen. Oder sie wusste nicht, wie ihr geschah. Außerdem fanden diese Vorgänge über sehr lange Zeiträume hinweg statt, auf die man sich gegebenenfalls einrichten konnte. Heute haben wir es mit Perioden von gerade mal ein, zwei menschlichen Generationen zu tun, die ein Gegensteuern erfordern. Der Platz auf Erden ist seit den Dinosauriern sichtbar weniger geworden, und er darf nicht noch weniger werden. Jeder Millimeter ansteigenden Meeres zählt deshalb.

Die Nordsee

Allerdings haben intensive Forschungen auf gerade diesem Gebiet ausgesprochen Erstaunliches zutage gebracht. Nach aktuellen Schätzungen steigt der **Meeresspiegel** pro Jahr um etwa drei Millimeter, in den nächsten 100 Jahren kommt also derart einiges zusammen. Diese Zahlen geben aber nur einen weltweiten Durchschnitt wieder. Fakt ist, dass die **Meeresoberfläche Buckel und Täler** aufweist, was dazu führt, dass manche Re-

gionen von einem Anstieg überhaupt nicht betroffen sind und andere umso mehr auf den Teller bekommen. Dies liegt an der ungleichmäßigen Verteilung verschiedener Massen auf der Erde und dadurch resultierende Variationen der Schwerkraft, sowie auch die durch die Rotation des Globus bewirkten, ebenfalls variablen Fliehkräfte. Noch hat die Wissenschaft keinen genauen Durchblick durch diese ungeheuer komplexe Materie, aber es besteht bereits ein dahingehender Konsens, dass die **Nordsee** selbst unter extremen Bedingungen ihren gegenwärtigen **Pegelstand beibehalten** oder sogar ein paar Zentimeter verlieren könnte. Baltrumer, atmet auf!

Blitz und Donner

Vielfach wird geglaubt, auf See, und mithin auf dort gelegenen Inseln, gebe es gar keine Gewitter. Das stimmt aber nicht.

Man unterscheidet zwischen **Wärme-** und **anderen Gewittern.** Die Ersteren entstehen infolge starker Schwüle und sind damit naturgemäß von festländischer Art und weitgehend auf den Sommer beschränkt. Gewitter gehen aber auch mit Kaltfronten einher und sind deshalb ganzjährig zu vergewärtigen, **auch im Winter,** und auch auf See und auf Inseln.

Nähert sich ein Gewitter oder zieht es weg? Natürlich gibt schon eine heranstürmende dunkle Wolkenwand hinreichenden Aufschluss. Genauer kann man's ermitteln, indem man das **Intervall zwischen Blitz und Donner auszählt.** Wenn die dazwischen liegenden Sekunden weniger werden, rückt das Gewitter heran, bei mehr entfernt es sich. Langsames Zählen bestimmt die Sekunden, selbige mal 0,333 die Entfernung in Kilometern. Folgen Blitz und Donner unmittelbar aufeinander, ist man mittendrin. Dann ist volle Deckung angesagt. Schwimmer müssen sofort das Wasser verlassen.

In einem Gebäude ist man ziemlich sicher, im Freien, zumal auf einer ebenen Insel, deutlich weniger. Man trenne sich von **Metallgegenständen** (Fahrrad, Schirm, Walking-Stöcke) und gehe mit zusammengestellten Füßen in die **Hocke,** bis das Schlimmste vorüber ist. Reiter, absteigen! Man grolle auch dem Wattführer nicht, wenn der seine Wanderung aufgrund drohenden Wetters kurzfristig absagt. Im absolut flachen Watt stehen Personen nämlich wie Blitzableiter hervor, und niemand möchte wohl die bundesweite Statistik mit jährlich 100 vom Blitz Getroffenen und fünf bis zehn Erschlagenen um einen Eintrag erweitern.

Noch ein paar **Zahlen?** Im Blitzkanal lösen Spannungen von vielen Millionen Volt (Steckdose: 230) Ströme von 20–40.000 Ampere (Staubsauger: 3) und Temperaturen über 30.000 °C (Morgenkaffee: 50) aus. Der Blitz fegt mit 30.000 Kilometern pro Sekunde in sein willkürliches Ziel. Weglaufen hilft da nicht!

0130a Foto: rh

Die Nordsee

Sturm und Wellen

Kleine Nordsee

Die Nordsee ist kein Ententeich, auch wenn sie auf der Weltkarte so winzig aussieht. Hinzu gesellt sich ihre **geringe Tiefe,** die im Durchschnitt gerade mal 95 Meter beträgt und auf der Doggerbank auf ganze 13 Meter abflacht. Die tatsächliche Wassermenge ist im globalen Maßstab deshalb lachhaft gering. Doch was die Nordsee **anzurichten** vermag, ist geradezu ungeheuerlich. Einige der schlimmsten Auswüchse werden im Verlauf dieses Buches wiederholt beschrieben, und Besserung ist nicht in Sicht – ganz im Gegenteil.

Beaufort-Skala

Ursächlich für die Tobsuchtsanfälle sind die mittig über das Seegebiet hinwegziehenden Tiefdruckgebiete, mit denen **Windgeschwindigkeiten** von **Hurrikanstärke** und **Seehöhen** von mindestens **15 Metern** einhergehen – potenziell tödliche Dimensionen. Um einen Begriff der Wind- und Seeverhältnisse in verschiedenen Stadien zu erhalten, entwickelte der britische Admiral *Francis Beaufort* in der ersten Hälfte des 19. Jahrhunderts eine später nach ihm benannte Skala, die dem Geschehen von Punkt zu Punkt eine Messlatte verleiht, und zwar von 0 bis 12 (⚐ Kasten). Nach dem buchstäblichen Höhepunkt von 12 ist eh alles Jacke wie Hose, konstatierte der olle Seebär. Heute existieren zwar Erweiterungen von bis zu 17, aber für den seemännischen Gebrauch lässt sich damit nicht viel anfangen. Auch die moderne Praxis, den Wind mit km/h zu bemessen, ist nicht so nützlich wie der gute alte Beaufort. Wer könnte schon das „Fahrmaximum in geschlossenen Ortschaften" von 50 km/h nahtlos auf die See übertragen, die sich bereits ab diesem Punkt zu türmen beginnt?

Die Nordsee

Bft*	km/h	Wind	Zustand der See
0	<1	Stille	Spiegelglatt.
1	1–5	Leiser Zug	Leicht gekräuselt.
2	6–11	Schwache Brise	Kleine, kurze Wellen mit glasigen Kämmen.
3	12–19	Leichte Brise	Kämme beginnen zu brechen, mitunter treten kleine, weiße Schaumköpfe auf.
4	20–28	Mäßige Brise	Wellen werden länger und Schaumköpfe häufiger.
5	29–38	Frische Brise	Wellen mäßiger Höhe, aber schon von ausgeprägter langer Form. Überall weiße Schaumköpfe, vereinzelt etwas Gischt.
6	39–49	Starker Wind	Wellen bauen sich auf; Kämme brechen und hinterlassen größere weiße Schaumflächen; etwas Gischt.
7	50–61	Steifer Wind	Die See beginnt sich zu türmen. Der weiße Schaum der Brecher legt sich in Streifen zur Windrichtung.
8	62–74	Stürmischer Wind	Mäßig hohe Wellenberge mit langen Kämmen. Gischt beginnt abzuwehen und die Luft zu füllen. Ausgeprägte Schaumstreifen in Windrichtung.
9	75–88	Sturm	Hohe, „rollende" Wellenberge mit dichten Schaumstreifen in Windrichtung. Beginnende Sichtbeeinträchtigung durch Gischt.
10	89–102	Schwerer Sturm	Sehr hohe Wellenberge mit langen, überbrechenden Kämmen. Schweres, stoßartiges Rollen der See. Sichtbeeinträchtigung durch Gischt.
11	103–117	Orkanartiger Sturm	Außergewöhnlich hohe Wellenberge. Durch Gischt herabgesetzte Sicht.
12	118–133	Orkan	Luft mit Schaum und Gischt angefüllt. See völlig weiß. Jede Fernsicht ausgeschlossen.

*) Beaufort-Skala

„Ein Boot? Unmöglich bei der hohen See …"

Der Ortsausschuss zu Baltrum berichtet: „Am 20. März **1875** morgens 6,5 Uhr wurde dem Vormann Oltmann durch den Vogt Küper die Anzeige gemacht, daß in dem Norderneier Riff ein **Schiff in Gefahr** sei. Wir eilten schnell nach dem Strande und sahen, daß das Schiff schon am Grund saß und die Seen hoch über das Schiff schlugen. Mit dem Fernrohr konnte man bemerken, daß 3 Mann in die Masten stiegen. Es wurde sogleich Anstalt gemacht, das Rettungsboot zu Wasser zu bringen. Bei dem Bootsschuppen langte die Nachricht an, beide Masten seien über Bord geschlagen, unsere Hülfe käme also zu spät. 10 Minuten später traf ein zweiter Bote mit der Nachricht ein, es treibe ein **Wrack,** worauf sich 3 Menschen befänden. Nun wurde alles mit doppeltem Eifer betrieben, um Hülfe zu bringen, was der Mannschaft auch bei Sturm und hoher See gelang. Dieselbe hatte die Freude, um 9 Uhr vormittags **5 Mann lebend** auf Baltrum zu landen. Der Steuermann war sehr schwach, erholte sich jedoch bald. Der Sohn des Rheders und der Schiffszimmermann waren beim Niederstürzen der Masten umgekommen. Der Kapitän Wiekmann morgens 4 Uhr durch eine Sturzsee über Bord geschlagen."

Dazu folgende **Einzelheiten** nach dem Bericht des geretteten Steuermanns: „Der **russische Schooner ‚Charlotte'** war mit Steinkohlen beladen von Shields nach Brunshausen bestimmt. Den 20. März, bei starkem Nordweststurm und heftigem Schneegestöber, trieb derselbe mit dichtgerefften Segeln auf die Telloplatte bei Baltrum und wurde in kurzer Zeit total wrack. Um 4 Uhr morgens nahm das Schiff, welches sich zwar noch auf flottem Wasser, jedoch wohl schon im Bereich der sogenannten Grundseen befand, eine **Sturzsee** über, die alles an Bord unter Wasser setzte. Nachdem sich das Wasser etwas verlaufen hatte und man nach dem angerichteten Schaden sehen konnte, fand man, daß die **Böte zertrümmert** und der **Kapitän über Bord** geschlagen sei. Derselbe blieb verschwunden. Niemand hat wieder etwas von ihm gesehen noch gehört. Um 6 Uhr morgens stieß der Schooner zum erstenmal **auf Grund.** Vor der Gewalt der jetzt ununterbrochen über das Schiff hinrollenden Wellen flüchtete sich die Mannschaft in die Wanten, aber die Masten brechen nicht lange nachher und reißen die **Leute** mit sich **über Bord.** 5 Mann gelingt es, sich wieder an den noch am Schiff festhängenden Lee-Wanten an Bord zu ziehen; 2 ihrer Kameraden, der Zimmermann und der Junge, ein Sohn des Rheders, sind verschwunden. Wahrscheinlich haben sie schon beim Sturz der Masten Beschädigungen erlitten und dann nicht mehr die Kraft gehabt, gegen die See anzukämpfen. Das

Schiff, durch die über Bord gefallenen Masten erleichtert, wurde nun von der See noch weiter **auf den Strand geworfen** und nahm, in dem flacheren Wasser, nicht mehr so schwere Seen über wie vorher, so daß es den Leuten mit Aufbietung all ihrer Kräfte noch möglich war, sich auf Deck zu halten. Aber vor Kälte erstarrt und alle Augenblicke wieder aufs neue durchnäßt, fangen die Kräfte an sie zu verlassen. Man frägt sich schon, ob es nicht besser sei, diesem qualvollen Dasein ein Ende zu machen. Da erblickt der Steuermann auf der Spitze einer hohen Welle in Lee einen **schwarzen Punkt.** Was kann das sein? Wrackstücke oder ein Boot? Ein Boot – unmöglich, bei der hohen See kann sich kein Boot halten. Aber es war doch ein Boot, und zwar das **Baltrumer Rettungsboot** mit seiner braven Mannschaft, die sich mit unsäglicher Mühe nach dem Wrack hinarbeitet, um ihre in Lebensgefahr befindlichen Brüder zu retten. Um 9 Uhr morgens gelang es der Bootsbesatzung, die Schiffbrüchigen abzunehmen. Der Steuermann erzählte, als sie die Gewißheit erlangt hätten, daß es wirklich ein Boot sei, das ihnen zu Hülfe käme, hätten sie alle geweint wie die Kinder. Wie er an Land gekommen, darauf könne er sich nur dunkel besinnen. Er wisse nur, daß man ihn aus dem Boot gehoben und nach dem Hause des Vogts getragen, welcher ihn mit trockener Kleidung versehen und mit Speise und Trank erfrischt hätte."

(Aus den Annalen der Deutschen Gesellschaft zur Rettung Schiffbrüchiger).

Die Nordsee

Ebbe und Flut

Terminologie

Vorausgeschickt sei gleich, dass die beiden so see-
männisch klingenden Wörtchen an der Küste gar
nicht zur Verwendung kommen. Man spricht von
„ablaufend" bzw. „auflaufend Wasser," und
wenn beide zum Stillstand kommen, von „Stau-
wasser", das entweder bei „Hoch-" oder „Niedrigwasser" eintritt. „Die Tide kippt" dann, und die
Vorgänge wiederholen sich in umgekehrter Richtung. Da für einen kompletten Zyklus keine 30,
sondern 28 Tage involviert sind, verschieben sich
die Gezeiten von Tag zu Tag um einige Minuten.
Und wie die Tide gerade setzt, erkennt man an
den Tonnen (nicht Bojen!) im Fahrwasser. Zeigt
die Tonne seewärts, läuft es ab, andersrum auf.

Frühe Erkenntnisse

Als **Römer** und **Griechen** um die Zeitenwende die
Nordsee besuchten, wunderten sie sich nicht
schlecht über das Wildwasser auf hoher See und
die abwechselnd überfluteten und trockenfallen-
den Watten. So etwas gab es nämlich in ihrem hei-
mischen Mittelmeer nicht. (Anderswo aber fast
überall, und noch viel ausgeprägter). Die Besucher aus dem Süden waren kluge Typen. Sie ver-
muteten, dass der stete Wechsel der Gezeiten etwas mit dem **Mond** zu tun haben musste. „Der
Okeanos ahmt die Bewegungen der Gestirne
nach", konstatierte **Plinius der Ältere** und lag damit genau richtig. Nachdem sich das **Christentum**
in Europa durchgesetzt hatte, galten solche An-
sichten jedoch als **ketzerisch** und wurden in die
untersten Schubladen verbannt. Gott macht doch
die Gezeiten und nicht der Mond!

Für andere seefahrende Völker in Ostasien und
auf den pazifischen Inseln waren die planetari-

schen Erkenntnisse seit Urzeiten Selbstverständlichkeiten. In Europa wurden sie erst im 16. Jahrhundert durch *Nikolaus Kopernikus* und *Johannes Kepler* aus der Schublade gekramt. Aber es dauerte bis in die Neuzeit, bis die Zusammenhänge zur Gänze durchschaut werden konnten und präzise Voraussagen der Wasserstände möglich machten.

Mechanik

Erde und **Mond** bilden wegen ihrer gegenseitigen Anziehungskraft eine hantelartige Einheit zweier ungleicher Kugeln. Einen schwächeren Einfluss hat auch die Sonne. (Wenn sie mit dem Mond in einer Linie steht, kommt es zu besonders hohen „Springfluten"; stehen sie im 90°-Winkel zueinander, ergeben sich niedrige „Nipptiden". Diese Vor-

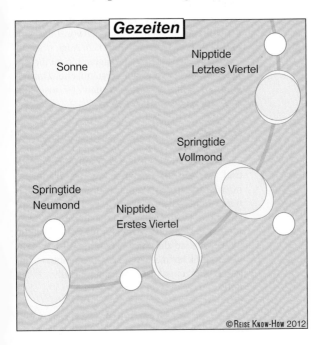

Gezeiten

Sonne

Nipptide
Letztes Viertel

Springtide
Vollmond

Springtide
Neumond

Nipptide
Erstes Viertel

©REISE KNOW-HOW 2012

Die Nordsee

gänge finden alle zwei Wochen statt). Der **Mittelpunkt** der genannten Einheit liegt etwa 1500 Kilometer innerhalb der Erde. In 28 Tagen drehen sich Erde und Mond um diesen Schwerpunkt, als wären sie durch eine Stange verbunden. Diese Drehung erzeugt **Fliehkräfte.** Auf beiden Seiten der Erde entstehen dabei **Flutberge** von etwa 50 Zentimetern Höhe. (Auch das Land hebt sich unmerkbar. So macht zum Beispiel selbst der Kölner Dom diese Bewegung mit). Bei seiner täglichen Drehung um die eigene Achse bewegt sich der Globus unter diesen Flutbergen hindurch, die dabei auf die Ränder der Kontinente prallen und je nach deren Struktur ihre Höhe ändern. **Weite Flächen** bewirken einen relativ **geringen Tidenhub.** Vor Baltrum liegt dieser zwischen etwa -0,80 bei Niedrig- und +3,40 Meter bei Hochwasser, von „Normalnull" aus gerechnet. Das ist nicht viel, aber genug, um darin zu ertrinken. An steilen Küsten, so in der Bretagne, können Fluthöhen von 13 Metern entstehen – da bleibt wahrlich kein Auge trocken!

Anschauungstafeln und -diagramme zu diesem Thema finden sich in gut verständlicher Darstellung auf Baltrums „Gezeitenpfad" (⤢„Insel-Info A–Z, Sport und Spiel, Wandern").

Irrglaube

Die Gezeiten sind von alters her mit manchem Irr- und Aberglauben behaftet. Leuten, die heute noch ernsthaft die Meinung äußern, es gäbe sie nur an der Nordsee, sollte man ein mildes Grinsen schenken. Doch es kommt noch irrwitziger. Dass Jungen bei Flut und Mädchen bei Ebbe geboren werden, ist an der Küste immer noch Volksgut. Die Statistik hat diese Mär längst entkräftet – aber davon überzeuge man einen Eiferer mal!

Schützt mit dem Schirm du Kopf und Nacken,
kann dich wohl kaum der Hautkrebs zwacken ...

Licht und Schatten

Die liebe Sonne! Wir nennen sie lieb, denn ohne sie gäbe es kein Leben auf Erden, und Badeleben schon gar nicht. Wir gern wir sie haben, zeigt sich schon daran, dass wir unwillig reagieren, wenn sie nur mal eine Zeitlang verschwindet. Das ist uns offenbar evolutionär aufgeprägt.

In der Tat ist unser strahlender Stern ein wahrer **Gesundbrunnen,** der uns von vielerlei Leiden befreit oder sie unter seiner Einwirkung gar nicht erst entstehen lässt. So sind in typischen „Sonnenländern" einige **Krebsarten** (Brust, Darm, Prostata) kaum vertreten. Das Sonnenlicht regt das **motorische System** an und hellt das Gemüt auf. Die **Hormonproduktion** gerät in Schwung, mit beglückend zunehmender Appetit- und Energieentfaltung. Ganz zu schweigen von einer in flotte Bewegung geratenden Libido. Der sonnenbeschienene „Latin Lover" trägt seinen Titel nicht ohne Berechtigung. Außerdem schläft man besser denn je, und das natürlich ganz besonders auf einer lärmfreien Insel wie Baltrum.

Die Nordsee

Braun = cool?

Um auch äußerlich demonstrieren zu können, wie sonnengesund und libidofroh man ist, gilt es Bräune zu zeigen. Sie wird in unseren Breiten seit mindestens drei Generationen als „sportlich" und seit einigen Jahren als „cool" betrachtet. Viele Menschen finden nichts dabei, sich unter die pralle solare Lichtkanone zu packen, um dieses Statussymbol zu erreichen und dafür bewundert zu werden. Leider ist solches Tun aber mit einigen **Nachteilen** behaftet.

Zum einen lässt die intensive Bestrahlung die **Haut altern** und runzeln. Manche Sonnenfreunde besseren Alters haben regelrechte Bratapfelgesichter, die keine Creme wieder glattzubügeln vermag. Zum anderen richtet das Strahlengewitter Schäden an, die alles andere als sportlich, cool und schon gar nicht gesund sind. Schuldig ist primär der immer durchlässiger gewordene Ozonschild 30 Kilometer über der Erde, der die solare **UV-Strahlung** nicht mehr wie zu Omas Zeiten abhält, sondern sie schmorend die Erde erreichen lässt, wo sie sich selbst in die unangreifbar dick erscheinende Menschenhaut bohrt. Assoziierte Infrarot-Strahlung schafft es sogar noch ein Stück tiefer. Zwar existiert über der Nordsee kein „Ozonloch", das erst als solches bezeichnet wird, wenn der Schild zu mehr als der Hälfte zerfressen ist. Doch die Schutzschicht ist über die Jahre hinweg dünner geworden und lässt mehr Strahlung durch als zuvor. (Die Industrienationen bemühen sich, diesen Vorgang durch Verbote der verantwortlichen Fluorkohlenwasserstoffe (FCKW) in Kühlschränken und Spraydosen zu stoppen oder zumindest zu verlangsamen und haben schon große Erfolge erzielt. 2002 war sogar schon von einem Ende des Phänomens die Rede. Doch nachrückende Schwellenländer sind im Begriff, durch hemmungslose Freisetzung von FCKW diesen Aktivposten wieder zunichte zu machen).

Hautkrebs

Es wird oft ins Feld geführt, dass es diese Problematik „zu Omas Zeiten" gar nicht gab, sondern dass sie nur von der Schutzmittel-Industrie in die Welt gesetzt wurde, um gute Geschäfte zu machen. Doch das stimmt so nicht ganz. Hautkrebs, um das Kind nunmehr beim Namen zu nennen, existierte früher ebenfalls, wenn auch in der Tat weniger häufig. Er wurde jedoch nicht immer als solcher erkannt, und wenn er sich auf andere Organe ausbreitete, sah man keine Veranlassung, Rückschlüsse auf die liebe Sonne zu ziehen.

Heute weiß man es besser. Die Gefahr, sich unter „normalen" Umständen einen solar induzierten Hautkrebs aufzusacken, liegt bei Weißhäutigen bei eins zu fünf in Abhängigkeit vom individuellen Immunsystem. Und da dieses durch diverse Umwelteinflüsse und falsche Lebensarten in den Industrieländern ziemlich aufgeweicht ist, sind die Aussichten recht düster. Immerhin aber handelt es sich bei etwa 77 Prozent der auf 150.000 geschätzten jährlichen Fälle in Deutschland um sogenannte **Basalkarzinome** mit günstigen Heilungsprognosen. Plattenepithelkarzinome (Stachelzeller) machen etwa 18 Prozent aus. Sie können sich weiter ausbreiten, doch das ist eher selten. Die restlichen 5 Prozent nimmt das Maligne Melanom ein, MM im Medizinerjargon und als „Schwarzer Hautkrebs" gefährlich und gefürchtet, weil er aggressiv andere Organe befällt. Aber selbst diese tückische Variante hat gute **Heilungschancen** – wenn auch nur bei frühzeitiger Erkennung! Tausende Deutsche erkranken jedes Jahr am MM, etwa zweitausend sterben daran. Nicht zuletzt, weil man das asymmetrische, unscharf oder fransig begrenzte dunkle Pigmentmal oft ignoriert: „Geht schon wieder weg."

Allerdings mehren sich Stimmen, die gar nicht die Sonne für das schlimme MM verantwortlich machen, jedenfalls nicht durch direkte Einwirkung.

Die Nordsee

Dem Autor liegt ein Bericht vor, dem zufolge ein MM mitten in der Vagina einer Frau entdeckt wurde – durch puren Zufall. Was immer die Gründe sein mögen, und die Sonne ist daran bestimmt nicht ganz unbeteiligt: Das **Auftreten des malignen Melanoms nimmt unter Weißen ständig zu.** Dunkelhäutige Völker sind fast komplett von ihm verschont.

Der Gang zum **Hautarzt** ist deshalb unerlässlich. Gesetzlich Versicherte über 35 Jahre haben ohnehin alle 24 Monate Anspruch auf eine von

Das Licht an der Nordsee ist fantastisch, doch man sollte sich ihm seiner Haut zuliebe in den Mittagsstunden nicht aussetzen

den Kassen finanzierte Vorsorgeuntersuchung. Andererseits muss man einen Klinikbesuch nicht nach jeder Besonnung in Betracht ziehen, denn wenn auf der Haut nicht mehr als eine Rötung zu sehen ist, kann auch der beste Dermatologe keine Diagnose stellen.

Sonnenbrand

Man sollte unter diesen Umständen die fälligen **Schutzmaßnahmen** nicht vernachlässigen. Gut ist schon mal, sich die Sonne nicht mit voller Kraft aufs Fell brennen zu lassen, sondern während der intensivsten Phase von **11 bis 15 Uhr** den Schatten aufzusuchen. (Australischer Merkspruch: „Between eleven and three / slip under a tree!") Durch die sogenannte, an der See gut ausgeprägte **Streustrahlung** wird man auch dort braun, aber nicht unbedingt krank. Zu bedenken ist, dass insbesondere hellhäutige, blonde Menschen sich am ehesten einen Sonnenbrand zuziehen, Frauen (wegen ihrer dünneren Haut) eher als Männer, und am wahrscheinlichsten kleine Kinder, die am dünnhäutigsten sind. Sie sollten also mehr als alle anderen vor der Sonne behütet werden.

Der Keim für eine eventuelle Krebsauslösung wird nämlich bei der Penetration der Haut durch die Strahlung gelegt. Der **Sonnenbrand ist ein Warnzeichen** dafür. Ein Ausbruch kann erst viele (bis zu 20) Jahre später erfolgen; die Zwischenzeit verläuft völlig symptomlos. Andererseits besteht kein verhängnisvoller Automatismus, der nach einer intensiven Sonnendusche geradewegs in den Krebs führte. Auch wehrt sich die Haut, so gut sie kann. Ihre obere Schicht verdickt sich nach etwa zwei Sonnenwochen und wirkt dann als Filter, entsprechend einem Lichtschutzfaktor von 4. Die Runzeln werden dabei allerdings billigend in Kauf genommen und ebenfalls, dass die dieserart entstandene „Lichtschwiele" bereits karzinogene Eigenschaften haben kann.

Die Nordsee

Schutzmittel

„Aber es gibt doch Sonnenschutzmittel!", wird man jetzt trotzig ausrufen. Klar gibt es die, und man sollte auch fleißig von ihnen Gebrauch machen, denn sie sind schon die halbe Miete. Aber eben nur die halbe, denn sie sind mit allerlei Macken behaftet ...

Fachleute warnen, dass man sich durch das Auftragen eines Schutzmittels zu sehr **in Sicherheit wiegt** und unter Umständen länger als geboten in der Sonne bleibt. Einiges an Strahlung sickert nämlich immer durch und kann Langzeitschäden anrichten, von denen man zunächst nichts merkt. Reine **Sonnenöle** bieten nur begrenzten Schutz, weil sich die Filterstoffe in ihnen weniger bereitwillig auflösen, **Lotionen** weitaus mehr. Generell gilt, dass erneutes Eincremen nicht die Schutzzeit verlängert.

Sonnenschutzmittel sind kein Garant gegen die Entstehung von **Leberflecken,** die ihrerseits krebsauslösend sein können. Besondere Aufmerksamkeit sollte auch hier Kindern zuteil werden.

Die **chemischen Filterstoffe** haben sich bei einigen gängigen Mitteln als potente **Schadsubstanzen** erwiesen, welche Fruchtbarkeit und Geschlechtsentwicklung gefährden können und die Entwicklung sexueller Störungen befürchten lassen. Man versuche sich im Internet zum jeweils neuesten Stand der Dinge kundig zu machen, um das richtige Mittel finden zu können. Außerdem sind teurere Mittel keineswegs „besser" als billige, von denen die Mehrzahl in Tests optimal abschneidet.

Die meisten Parfums und **Kosmetika** sowie einige pflanzliche Duftöle machen die Haut empfindlicher für Sonnenlicht. Deshalb sollten Schutzmittel nicht über Pflegecremes oder Make-up aufgetragen werden, weil sie sonst ihre Wirksamkeit verlieren. Dass oral eingenommene Beruhigungsmittel mit **Johanniskraut** die Lichtempfindlichkeit kritisch heraufsetzen, hat sich anscheinend als Irrung erwiesen. Man müsste das Kraut schon schaufelweise verspeisen, um diesen Effekt zu erzielen. Andererseits wird dem Verzehr von Tomaten (100 Gramm/Tag) der Aufbau eines natürlichen Schutzfaktors zugeschrieben. Auch Paprika, Brokkoli, Karotten und Aprikosen sollen eine gewisse Nutzwirkung haben.

Wer sich einen Schutzfaktor von 50 aufpappt, kann genauso gut Beton applizieren. Ein **Sonnenschirm** tut viel bessere Dienste und klebt nicht. Man lasse die Leute lästern. Mit einem MM auf der Schwarte lästert keiner mehr.

Gute Nachrichten

Das waren eben die schlechten Nachrichten, eine ganze Menge. Doch es gibt auch gute. Vor allem die aktualisierte Debatte um das sonneninduzierte **Vitamin D** hat erstaunliche neue Erkenntnisse ans Licht gebracht. Seine Vorzüge für den Knochenaufbau sind Schnee von gestern; unser Nahrungsspektrum weist insofern keinerlei Mängel auf, es sei denn, man nimmt nur Fastfood zu sich. Aber man weiß jetzt, dass der Wunderstoff unter anderem für die Bildung von **Glückshormonen** verantwortlich ist, die nach einem Sonnenbad solches Hochgefühl hervorrufen, dass man die ganze Welt umarmen möchte. Außerdem hat sich gezeigt, dass Vitamin D als eine Art chemischer Zentralschalter im Organismus zu dienen scheint, der die Abwehrzellen des **Immunsystems** aktiviert, wenn mal Not am Mann ist. Sogar eine Vorbeugung gegen Herz-Kreislauf-Krankheiten steht zur Debatte. Dafür braucht man allerdings nicht stundenlang in der Sonne zu köcheln. Schon ein paar Minuten am Morgen oder Nachmittag decken die nötige Tagesdosis von mickrigen 0,005 Milligramm ab, alles andere geht in den Abfalleimer. Und wenn die Sonne mal nicht scheint? Zwei Eier oder eine Avocado zum Frühstück bringen's auch.

Die Nordsee

Heilmittel Tee

Günstige Wirkungen werden auch den sogenannten Polyphenolen in schwarzem und vor allem **grünen Tee** zugeschrieben. Wo viel grüner Tee getrunken wird, so in Ostasien, sind Hautkrebserkrankungen so gut wie unbekannt. Man nimmt an, dass eine Stärkung der zuständigen Bereiche des **Immunsystems** stattfindet. Eine Hautwäsche mit grünem, notfalls auch schwarzem Tee nach einem Sonnenbrand ist ebenfalls nützlich.

Wundersalben

Sogenannte **aktinische Keratosen,** Vorstufen von hellen Hautkrebsarten mit Tendenz, unbehandelt in 10 bis 20 Prozent der Fälle in einen Stachelzeller überzugehen, sind häufig unter Sonnenfreunden. Sie werden – wieder mal – durch ein geschwächtes Immunsystem begünstigt und treten überwiegend im Gesicht auf. Heute können sie einfach hinweggesalbt statt operativ entfernt werden. Das Mittel Aldara®5 Prozent hat sich insofern als besonders wirksam hervorgetan. Es ist verschreibungspflichtig und nicht ganz billig.

After Sun

Nach einem Sonnenbrand empfiehlt sich eine kühle Dusche und das Auftragen einer milden Allzweckcreme. Der Sonne muss man jetzt erst einmal fernbleiben, sonst wird's schlimmer. Spezielle „After-Sun-Produkte" stehen ebenfalls zur Verfügung, von deren hautpflegender Wohltat die Damen gern Gebrauch machen werden. Diese Mittel bewegen sich über eine Preisskala von gerade mal anderthalb bis mehr als 40 Euro. Wie bei den Schutzmitteln sagt der **Preis** dabei nichts über die **Qualität** aus: In Tests liefern die billigsten Präparate sogar die besten Resultate, einige ganz teure prangen mit einem „Ungenügend". Auf alle

Fälle sollte man darauf achten, dass das Produkt nicht den aggressiven Bakterienkiller **Triclosan** enthält, der laut der Zeitschrift „Öko-Test" bedenkliche Nebenwirkungen hat.

Hochdeutsch und Plattdeutsch

Was ist ein „Kusen"?

Wie verschiedenartig die beiden Sprachen sind, stellt ein oller Fahrensmann unter Beweis, der sich bei der Passage eines Dampfers namens „Leverkusen" zu dem Ausspruch „Läver 'n Kusen as gor kien Teihn!" veranlasst sieht. Mit einiger Mühe lässt sich das Vokabular vielleicht aufdröseln, doch am „Kusen" wird das Bemühen endgültig scheitern. Die Übersetzung lautet: „Lieber ein schlimmer Zahn als gar keine." Wer übrigens unter „Kuspien" (Zahnschmerz) leidet, muss Baltrum verlassen, denn dort gibt es keinen Bohrer.

Moin Moin

Was sind „heel mooie Wichter"? Kein Binnenländer wird dahinter „sehr hübsche Mädchen" vermuten, zumal sich das *ch* auch noch wie in „ach" ausspricht. Öfter dürfte einem das Wort in „mooi Weer – schönes Wetter" begegnen, noch häufiger aber in Gestalt des an der ganzen Küste üblichen Grußes „Moin" oder doppelt „Moin Moin". Typisch ist die unwirsche Antwort auf die Frage eines Kurgastes: „Sagense mal, wie heißt das hier eigentlich?" „Wo dat hier heet? Moin, heet dat!" Es ist nämlich an der Nordsee sehr üblich, dass man, auch unter Fremden, einen **Gruß** austauscht. Touristen fallen dadurch auf, dass sie grußlos aneinander vorbeischlurfen und pikiert dreinblicken, wenn sie ein Unbekannter mal moint.

Uninitiierte fühlen sich verschaukelt, wenn ihnen noch am Abend, wie sie vermeinen, ein guter Morgen gewünscht wird. Doch mit dem Morgen hat das Wort ja gar nichts zu tun. Man wünscht sich dieserart 24 Stunden am Tag **„alles Gute"**, und darüber sollte man nun wirklich nicht die Stirne kraus ziehen. Aber zur Beruhigung: Die Insulaner sprechen alle auch fließend Hochdeutsch, und eine Grußpflicht besteht auch nicht.

Plattdeutsch hat übrigens nichts mit Plattheit zu tun. Das zugrunde liegende Adjektiv steht für „klar". Und es ist auch keine „Mundart" des Hochdeutschen, sondern eine ins 16. Jahrhundert zurückreichende **eigenständige Sprache,** die aus dem **Friesischen** hervorging, aber mit ihm nur noch wenig zu tun hat. Ein Sachkenner beschrieb sie so: „Die plattdeutsche Sprache spricht noch geradezu und sagt, was sie meint. Sie hat sinnliche

Baltrumer Bilderwitz – auf Platt klingt selbst das Derbste noch ganz charmant

Sicherheit, die nicht zweifelt an dem, was die Augen sehen und die Hände fassen. Sie steht da wie der unbeirrte gesunde Menschenverstand."

Eine Kostprobe? So sieht **ostfriesisches Platt** aus, das auch auf Baltrum gesprochen wird:

Dar was insmaal een Schipper, de was up de heele Noordsee wall befahren. He mutt Noorddiekster west ween, man sien Name weet nümms mehr. 't gifft Lü, de meenen, dat dat geen anner wesen kunnt het, as Hinnerk Janssen Kater. Warum de Lü dit meenen, lett sück neet faststellen, besünners darum neet, wiel't ook welken gifft, de löven, dat dat geen Noorddiekster, wall aber een Sielker west het. Wenn der nu eene fragt, wat dat denn för'n Keerl west het, de fragt mi tovöl, de mutt maal up Noorddiek nafragen. Ik för mien Part löv aber neet, dat he een Antwoord kriggt, de hum tofreden stellt. Un doch – dat mag nu wesen, as't will: disse Schipper was van Noorddiek. Dar is neet an to twiefeln.

Disse Schipper sünner Name nu peilde un seilde sien Kurs bi elket Weer. Hum was't eenerlei, of he't vör de Wind harr of der tegen.

Wo dat kwam?

Da war einmal ein Schiffer, der die ganze Nordsee befahren hatte. Er muss Norddeicher gewesen sein, aber seinen Namen kennt niemand mehr. Es gibt Leute, die meinen, dass es kein anderer gewesen sein konnte als Hinnerk Janssen Kater. Warum die Leute das meinen, lässt sich nicht feststellen, besonders deshalb nicht, weil es auch andere gibt, die glauben, dass er gar kein Norddeicher, wohl aber ein Sieldörfler gewesen war. Wenn da nun einer fragt, was das für ein Kerl gewesen ist, dann fragt er mich zuviel, dann muss er mal in Norddeich nachfragen. Ich für meinen Part glaube aber nicht, dass er eine Antwort kriegt, die ihn zufriedenstellt. Und doch – das mag nun sein, wie es will: Dieser Schiffer war aus Norddeich. Daran ist nicht zu zweifeln.

Dieser Schiffer ohne Namen peilte und segelte nun bei jedem Wetter seinen Kurs, ob er den Wind von achtern hatte oder gegenan.

Wie das kam?

Auszug aus: "Noorddiek is weg!" von *Berend de Vries*. Im "Oldenburgischen Hauskalender" von 1951.

● **Buchtipp:** "Plattdüütsch – das echte Norddeutsch", erschienen in der Kauderwelsch-Reihe des REISE KNOW-HOW Verlags.

Die Nordsee

Essen und Trinken

Seafood

Eine „typische" friesische oder gar Baltrumer Küche gibt es nicht. Man sei aber auf viel Seafood vorbereitet und deren gesunde Fettsäuren. Nach der Einnahme einer solchen Mahlzeit erhebt man sich mehrfach ungesättigt von der Tafel und weiß, seinem Innenleben etwas ausgesprochen Gutes getan zu haben. Der Frischfisch ist aber **nicht Bal-**

April, April!

Dass die **Ostfriesen** nicht nur als Zielscheibe auf sie gemünzter Witze dienen, sondern selbst auch humorig sein können, erweist sich jedes Jahr am 1. April. Dann nämlich erlauben sich die Baltrumer einen kleinen Schwank, mit dem vor allem die (vermeintlich) unbedarften Kurgäste durch den Kakao gezogen werden sollen. Da gab es schon mal die **Nachricht,** dass es mit der **Autofreiheit** auf Baltrum vorbei sein sollte, und sogar ein Bild mit einem Kfz auf dem Baltrumer Kai machte die Runde. Tausende Automobile sollten folgen, hieß es, zum Entsetzen aller Besucher. Auch neu eingeführte **Straßennamen** traten schon mal in Erscheinung. Die Scherze wurden von vielen Gästen bitter ernst genommen. In Zukunft also ein wenig die Ohren spitzen, damit's zu keiner Blamage kommt: Wenn für einen künftigen 1. April ein Papstbesuch angesagt wird, die Nachricht kursiert, dass der Emir von Abu Dhabi auf Baltrum einen monströsen Turm errichten möchte, oder ein U-Bahn-Bau zur Osterhuk zur Diskussion steht, sollte man gleich schalten: Alles nur Veräppelei. Selbst wenn der Emir im weißen Burnus persönlich erscheinen sollte, ist Argwohn angesagt. Unter der wehenden Robe verbirgt sich womöglich nur Opa Tjarks. Und wenn ein Insulaner auf die Festlandsküste im Süden zeigt und behauptet: „Da ist Norden!", dann soll auch nur wieder ein Touri vergackeiert werden. Denn das stimmt schon so: Dort liegt tatsächlich (die Stadt) Norden.

„Vorsicht, wir bauen hier 'ne U-Bahn!"

Die Nordsee

trumer Herkunft, denn von dort starten keine Kutter mehr in die Nordsee. Diese Rolle haben ein paar Fänger aus Dornumer- und Accumersiel an der Küste inne, die man manchmal an der Ostspitze Baltrums mit Hintergrund Langeoog beobachten kann. Was von ihren Fängen nach Baltrum geht, darunter die köstlichen „Granat" (Garnelen), muss den Umweg über die Fähre nehmen, was die Frische keineswegs beeinträchtigt.

Matjes, auch „Kaviar der Nordsee" genannt, sind in Salzlake eingelegte (rohe!) Heringe, die

Baltrum steht insofern übrigens in Konkurrenz zu **Norderney.** Dort wird am 1.4. genauso geflapst, zum Beispiel mal mit dem Bau von Hummerbuden à la Helgoland am Norderneyer Hafen. Eigentlich gar nicht so dumm, aber die drögen Behörden spielten nicht mit, und es blieb beim Aprilscherz.

Und als wenn dies alles noch nicht genug zum Lachen wäre, veranstaltet Baltrum in jedem Juni die Strandsause **„Inselwitz".** Deutschlands **Cartoonisten** zeichnen und stellen dann aus.

017ba Foto: rh

zum Schmackhaftesten gehören, was die Küste zu
bieten hat. Sie kommen überwiegend aus Emden,
wo sie von einer stattlichen Industrie produziert
werden. Es gilt als durchaus salonfähig, sie einfach
am Schwanz zu packen und mit einem Minimum
an Kautätigkeit den Schlund hinabgleiten zu lassen. Im Restaurant macht man das aber nicht, zumal die üblichen Beilagen (Bratkartoffeln, Zwie-
belringe, saure Sahne) dabei hinderlich wären.

„Matjes! Matjes!"

Die Nordsee

Alkohol

Jeder Nordseereisende weiß, dass die dortigen Eingeborenen ständig mit einer Kömbuddel in der Tasche herumlaufen, um gegen die drohende Kälte gewappnet zu sein. Kaum gerät eine Regenfront in Sicht, wird ein Schluck aus der Pulle genommen, und schon erfüllt wohlige Wärme den Körper. Treffen viele Fronten ein, muss nachgezapft werden, bis die Knuffbuddel leer ist. Gar manche Kurgäste eifern diesem Vorbild fröhlich nach. Der Zündstoff ist ja auch an allen Ecken verfügbar.

Dieser Anschauung liegt jedoch ein verhängnisvoller **Denkfehler** zugrunde. Nach dem anfänglichen wohligen Empfinden, das der „Schluck" (Küstenwort für Schnaps) bewirkt, öffnet der Alkohol nämlich die Hautporen und lässt Wärme entweichen und Kälte hinein. Der Vorgang kann durch geeignete Kleidung einigermaßen abgepuffert werden, aber wer einem Steifgefrorenen am Strand Alk einflößt, bringt ihn damit unter Umständen ums Leben. Völlig ausgekühlte Schwimmer sollten sich möglichst bald unter eine heiße Dusche begeben, um wieder zu Kräften zu kommen. Und auch eine heiße Tasse Tee, schnell bereitet, hilft wieder aufs Fahrrad.

Wasser

Früher, noch weit bis ins 20. Jahrhundert hinein, waren die Baltrumer auf **Regenwasser** angewiesen. Wenn die Niederschläge mal ausblieben, wurde es eng. Deshalb ging man 1936 daran, eine zentrale Versorgung einzurichten, die von insularem Grundwasser Gebrauch machte. So ganz koscher war auch diese Methode nicht, deshalb wurde in jüngerer Zeit erneut nachgebessert. Heute wird die Insel per **Pipeline** vom festländischen Esens beliefert. Das Wasser ist einwandfrei und geschmacklich neutral.

Tee

Da wir uns auf Baltrum in Ostfriesland befinden, gehört Tee zum täglichen Konsum, und das gleich mehrmals am Tag. Die heutigen **Ostfriesen** haben weltweit den **größten jährlichen Teeverbrauch** von etwa 290 Litern pro Kopf, zwölfmal so viel wie der Bundesdurchschnitt. Unwahr ist, dass sie den Ruf „Liberté", der von der Französischen Revolution hinüberschallte, als „lieber Tee" interpretierten und „Dat wüll wi ook hebben" riefen. Tatsächlich stellt die Einführung von Tee eine Maßnahme der regionalen Geistlichkeit dar, die schon früh das Empfinden hatte, dass in Ostfriesland viel zu viel (Bier) gesoffen wurde, und auf eine Alternative sann. Die neue Labe, aus dem fernen Ostasien importiert, schlug bombig ein. Jetzt wollte alles nur noch Tee „hebben", sodass *Friedrich II.* anno 1778 um seine Devisen zu bangen begann und das Bierbrauen wieder zu forcieren versuchte. Doch da war es zu spät. Der Stoff wurde geschmuggelt wie heutzutage Rauschgift. Selbst die Nazis versuchten gar nicht erst, trotz schwacher Devisenlage den Ostfriesen das Teetrinken zu verleiden; in der Erkenntnis, dass es einen staatsgefährdenden Aufstand gegeben hätte.

Ein rechter Eingeborener veranstaltet eine wahre **Zeremonie** mit seinem Tee. Das Geschirr muss stimmen, und die Zutaten auch. Nur feinste Sorten (Assam, Darjeeling in bester Qualität) kommen in Betracht. Die Blätter (niemals Beutel!) werden mit sprudelnd kochendem Wasser aufgegossen und die Teekanne auf einem „Stövje" warm gehalten. Wenn der Tee lange genug „gezogen" hat, füllt man Kandis in die Tasse, gießt ein und hört andächtig dem Knistern der „Kluntjes" zu. Jetzt darf man noch umrühren, aber wenn als nächster Schritt die Teesahne (nur echte!) zugefügt wird, darf man's auf keinen Fall mehr! Nur Mord und Totschlag werden in Ostfriesland schärfer geahndet als Teeumrühren, und wer's trotzdem tut, fällt lebenslanger Verachtung anheim. Man sehe das als Kurgast aber nicht so verbissen. Wer möchte, der rühre ungerührt.

„Ostfriesische Gemütlichkeit hält stets ein Tässchen Tee bereit", heißt es übrigens an der Küste. Das ist nett. Aber aus reiner Gastfreundschaft gibt's keinen Tee. In vielen Jahren Reisetätigkeit im ostfriesischen Archipel erhielt der Autor nicht einmal eine Gratistasse.

Die Nordsee

Ein paar strandnahe Rezepte, mal ganz anders

Als Gast in einer Ferienwohnung oder Pension mit Kochgelegenheit möchte man vielleicht einmal etwas anderes zubereiten als immer nur Bratkartoffeln und Schnitzel. Nachfolgend ein paar Vorschläge aus der internationalen Rezeptekiste des Autors.

Die mit einem **Stern** gekennzeichneten Zutaten sollte man **vom Festland mitbringen.** Wasabi ist eine Art Meerrettichsenf nach japanischem Rezept und in Tuben erhältlich (Vorsicht: Er ist sehr scharf!). Kokosmilch ist nicht dasselbe wie das in der Nuss befindliche Kokoswasser, sondern eine aus dem Raspel gefertigte Creme. Zitronengras gibt es nur in Asien-Läden. Es wird mitgekocht und nicht -gegessen. Fischgeschäfte ⬈ „Insel-Info A–Z, Gastronomie".

Granat-
Salat
- 250 g Garnelenfleisch
- 4 EL Zitronensaft
- 8 EL Olivenöl
- 1 Eigelb (hartgekocht, zerdrückt)
- 2 EL Kräuter (Dill, Petersilie, Schnittlauch u.Ä.)
- 1 kleine Zwiebel, gehackt

Krabbenfleisch in ein Glas füllen, mit den gut gemischten Zutaten verrühren, dann eine Zeitlang durchziehen lassen. Gut dazu schmecken Selleriestangen.

Matjes mit Mango

- 3 Matjes-Heringe
- 1 halbreife Mango, die sich gerade sanft mit dem Daumen eindrücken lässt
- 1 Porreestange
- 1 Klacks Wasabi* (↗ oben, optional)
- 2 reife Tomaten (optional)
- Saft einer halben Zitrone

Die Mango notfalls etwas nachreifen lassen, dann schälen und in esslöffelgroße Stücke schneiden. Die Matjes jeweils in teelöffelgroße Stücke zerteilen, mit ein wenig Wasabi bestreichen. Dünne Porreescheiben zufügen, gegebenenfalls kleine Tomatenstücke. Mit Zitronensaft übergießen. Alles miteinander mischen, eine halbe Stunde stehen lassen. Mit nicht zu trockenem Reis servieren.

Die Zutaten für Matjes mit Mango

**Granat-
frikadellen**
- 500 g Krabbenfleisch
- 1 gehackte Zwiebel
- 3 zerdrückte gekochte Kartoffeln
- Pfeffer, Salz, evtl. eine Prise Muskat

Alles gut mischen, Frikadellen formen und in etwas heißem Öl goldbraun braten. Dazu Salzkartoffeln mit Butter- oder Meerrettichsauce.

Sashimi
- 250 g Fischfilet (Seelachs, Rotbarsch o.Ä.)
- Wasabi-Paste*
- Kikkoman-Sojasauce*
- 1 Knolle frischer Ingwer (kein Pulver!)

Den (rohen) Fisch in fingergroße Stücke schneiden, gut waschen und abtrocknen. Dünn mit Wasabi bestreichen und mit geraspeltem Ingwer bestreuen. Zum Essen in Sojasauce tunken. Mit Essstäbchen verzehren, sonst mit der Hand. Dazu: Reis. Vielleicht nicht jedermenschs Sache, aber Vorsicht: Sashimi schmeckt überhaupt nicht „fischig". Wer einmal Geschmack daran gefunden hat, möchte es nie wieder missen!

**Fisch in
Kokosmilch**
- 500 g Filet von gut fleischigem Fisch
- 1 Packung Kokospulver*
- Frischer Ingwer
- 4 Zehen Knoblauch
- Pfeffer, Salz, evtl. eine scharfe Chilischote*

Das Kokospulver nach Anleitung zurechtrühren (nur etwas Wasser ist erforderlich). Knoblauch und gescheibten Ingwer mit etwas Öl anbraten, die Kokosmilch hinzufügen, dann den in Stücke geschnittenen Fisch. Alles garen lassen und mit Reis verzehren. Besonders schmackhaft, wenn zwei Stück Zitronengras* mitgekocht werden. Auch diese Art der Zubereitung reduziert den typischen Fischgeschmack auf null.

Die Nordsee

Insel-Info A–Z

Insel-Info A–Z

Adressen und Telefonnummern

- **Postleitzahl:** 26579.
- **Vorwahl:** 04939. Diese Vorwahl ist allen Telefonnummern im Buch vorangestellt, damit Handybenutzer nicht jedes Mal nachblättern müssen.
- **Webpräsenz:** www.baltrum.de.
- **Kurverwaltung/Infostelle:** Haus 130 (Rathaus), Tel. 04939-800, Fax -8027, E-Mail: kurverwaltung@baltrum.de. Der Autor möchte an dieser Stelle sein Lob wiederholen, dass die Kurverwaltung Baltrum zu den freundlichsten und zuvorkommendsten der ganzen Nordsee gehört.
- **Fundbüro:** im Rathaus.
- **Polizei:** ↗ Kapitel „Notfall".
- **Reederei:** Baltrum-Linie, Am Hafen (Haus 278), Tel. 04939-91300, Fax -913040, E-Mail: info@baltrum-linie.de. Dort erhält man auch Auskünfte über Zugverbindungen.
- **Hospital:** das nächstgelegene Krankenhaus liegt in Norden, ↗ Kapitel „Notfall".
- **Seenotrettung:** Tel. 0421-536870, mobil 124124.

Apotheke

- **Haus Nr. 74** (gegenüber der Volksbank), Tel. 04939-453. Im Sommer Mo–Sa 10–12 und 15–18 Uhr, Mi Nachmittag dicht. Im Winter Rezeptannahme und Medikamentenausgabe laut Aushang.

Ärzte

- **Gemeinschaftspraxis Dr. med. Ellen Althainz** (Allgemein- und Bademedizin) und **Eva Bach** (Allgemeinmedizin), Haus Nr. 204, Tel. 04939-914010. Sprechzeiten Mo–Sa 10–12 Uhr, So Notfallsprechstunde 11 Uhr.
- Achtung: Einen **Zahnarzt** gibt es auf Baltrum **nicht!**

Vorhergehende Seite: Pferdestärken gibt es auf der Insel fast ausschließlich auf vier Beinen

Ausflüge

Ausflugsfahrten per Schiff

Von Mitte April bis Ende Oktober unternimmt die Reederei Baltrum-Linie diverse Exkursionen mit ihrer „Baltrum III", die allesamt unter dem unglücklichen Terminus „Erlebnisfahrten" laufen. Die folgenden Erlebnisse werden angeboten:

Rund um Baltrum Fahrt durch das flache und geschützte Wattenmeer bis zur Ostspitze von Norderney, wo sich eine große **Seehundsbank** befindet. Bei gutem Wetter geht es nördlich von Baltrum zurück, sodass einmal die Insel umrundet wird. Unterwegs wird ein **Grundschleppnetz** ausgebracht und der Fang von der Besatzung sachkundig erklärt, bevor er wieder ins Meer gekippt wird. Außerdem kann man lernen, wie man **Seemannsknoten** macht.

- **Dauer:** 2 Stunden.
- **Preis:** Erw. 13 €, Kinder (6–14) 8,50 €, Familie 37 €.

Fahrt nach Spiekeroog Zwei Inseln weiter nach Osten. Mit **Landgang** und Besuch der alten **Inselkirche** von 1696.

- **Dauer:** über 10 Stunden.
- **Preis:** Erw. 21 €, Kinder (6–14) 10,50 €, Familie 55,50 €.

Fahrt nach Langeoog Zur östlichen Nachbarinsel Langeoog mit **Kleinbahntransfer** und **Ortsbesichtigung.**

- **Dauer:** über 9 Stunden.
- **Preis** (inklusive Inselbahn): Erw. 19,50 €, Kinder (6–14) 9,50 €.

Fahrt nach Norderney Baltrums westliche Nachbarinsel und mit vielen urbanen Aspekten deren genaues Gegenstück. Beim **Landgang** kann man sich mal wieder am Anblick von Autos erfreuen.

- **Dauer:** 5 Stunden.
- **Preis:** Erw. 17,50 €, Kinder (6–14) 9,50 €, Familie 47,50 €.

Insel-Info A–Z

Fahrt nach Juist

Zwei Inseln weiter nach Westen. Mit **Landgang** auf dem urigen Eiland mit 17 Kilometern Strand.

- **Dauer:** über 12 Stunden.
- **Preis:** Erw. 22 €, Kinder (6–14) 11 €, Familie 57 €.

Schaufischen

Wiederum geht's zunächst zur großen **Seehundsbank** im Osten von Norderney. Unterwegs wird mit dem **Grundschleppnetz** gefischt und die Fänge (Krabben, Krebse, Seesterne und diverse Plattfischarten) sachkundig erklärt, bevor sie wieder der See anvertraut werden. Dies schließt allerdings die leckeren Granat aus, die an Bord zu kaufen sind und die Fahrt nun wirklich mit einem Highlight abschließen.

- **Dauer:** knapp 2 Stunden.
- **Preis:** Erw. 9,50 €, Kinder (6–14) 5,50 €, Familie 27 €.

Wattensafari

Das letztgenannte Programm, ein wenig abgekürzt.

- **Dauer:** 1½ Stunden.
- **Preis:** Erw. 9 €, Kinder (6–14) 5,50 €, Familie 26 €.

Schnupperfahrt

Kleiner Ausflug im **Nationalpark Wattenmeer.**

- **Dauer:** 1 Stunde.
- **Preis:** Erw. 5 €, Kinder (6–14) 3 €.

„Ein tierisches Erlebnis"

Die **Seehundaufzuchtstation Norddeich** entlässt Seehunde in die Freiheit. Dies findet nur ca. dreimal im Herbst statt und ist lediglich für eine begrenzte Teilnehmerzahl zugänglich.

- **Dauer:** knapp 1 Stunde.
- **Preis:** Erw. 11 €, Kinder (6–14) 5,50 €.

Familienkarten sind gültig für zwei Erwachsene mit zwei Kindern von 6 bis 14 Jahren. Für weitere Kinder dieser Altersgruppe zahlt man den halben Kinderfahrpreis.

Fahrkarten sind im **Vorverkauf** bei der **Reederei** am Baltrumer Hafen oder an der **Bordkasse** er-

Insel-Info A–Z

022ba Foto: hb

hältlich. **Fahrpläne** unter www.baltrum-linie.de oder Teil. 04939-91300. Man denke daran, dass auch die Ausflugsfahrten **tidenabhängig** sind und die Termine deshalb von Tag zu Tag wechseln. Auch der **Hund** kann mitgenommen werden, er kostet aber extra. Bei stürmischem Wetter und dickem Nebel finden keine Ausflüge statt, dafür habe man Verständnis.

Rundfahrten mit der Kutsche

↗ „Fortbewegung".

Rundflüge

Für Exkursionen zu den Nachbarinseln und zum Festland sowie Rundflüge über Baltrum spreche man bei der **Flugvermittlung** am Flugplatz Baltrum (Tel. 04939-914040) vor.

Müßiggang auf der Seehundsbank

Wattwanderungen

Im Gegensatz zu den im Kapitel „Vor der Reise, Anreise" aufgeführten, vom Festland aus stattfindenden Exkursionen ins Watt können solche auch **von Baltrum aus** durchgeführt werden. Man wende sich an **Barow** (Tel. 04939-910327) oder das **Nationalparkhaus** (Tel. 04939-469). Angeboten werden Wanderungen für Erwachsene und Kinder im inselnahen Bereich und zum Festland. Einzelheiten finden sich im jeweiligen Aushang.

●**Buchtipp:** „Wandern im Watt", erschienen in der Praxis-Reihe des REISE KNOW-HOW Verlags.

An quietschbunten Souvenirs herrscht kein Mangel

„Im Frühtau zu Watte wir ziehn ..."

Einkaufen

Zwei Märkte, nicht unbedingt super, aber mit allem Nötigen versehen, Bäcker mit 1A Brötchen, Schnapsläden: Es ist alles da, um einen als Selbstversorger über die Runden zu bringen, und wer Schweres wie Getränkekisten befördern muss, borgt sich eben die Wippe des Gastgebers aus. Die Preise liegen naturgemäß höher als auf dem Festland, weil ja alles herangefahren werden muss, aber mit Ausnahme einiger Waren wie Obst und Gemüse ist das Niveau nicht schmerzhaft teurer.

Natürlich ist auch das **Souvenir-Gewerbe** üppig vertreten. Eine Baseballmütze mit Aufschrift „Baltrum" gefällig? Nur 18 Euro. Eine hübsche Kaurimuschel? Kostet 'nen Zehner. Sie stammt wohl nicht vom Baltrumer Strand, zugegeben, ist aber garantiert maritimen Ursprungs. Aus der gleichen geografischen Ecke kommen Buddelschiffe, nicht von Käpt'n Vorschoot persönlich gefertigt, sondern auf den Philippinen. Na und? Das hält doch jemanden dort in Lohn und Brot!

Fortbewegung

„Puff, puff, wir fahren mit der Inselbahn!" Das war tatsächlich schon mal möglich. 1949 wurde ein Bähnli mit einer Schmalspur von 60 Zentimetern über eine kleine Strecke hinweg in Betrieb genommen, um ausschließlich Güter zu befördern. Das **Züglein** tuckerte noch bis 1968 weiter und wurde dann aus dem Verkehr gezogen.

Heute tuckert gar nichts mehr. **Keine Autos,** klar, obwohl es immerhin ein Kennzeichen (AUR) gibt. Selbst auf die auf anderen autofreien Inseln häufigen Elektrokarren (auf Wangerooge ist alles voll davon) hat man verzichtet. Nur am Hafen stapelt ein solitärer Gabelstapler; ansonsten werden schwere Lasten per **Pferdefuhrwerk** befördert, auch in den beiden Dörfern. Davon abgesehen sind das auf Baltrum im Wortsinn gängige Fortbewegungsmittel die Füße.

Die relativ wenigen **Radler,** die man sieht, zumeist mit einer Wippe im Schlepptau, sind durchweg Insulaner. Da es auch **keine Leihräder** gibt, müssen Bikefreaks ihre Radln vom Festland mit-

025ba Foto: rh

bringen, was nicht direkt verboten ist, aber nicht gern gesehen wird. Dies gilt ganz besonders für E-Bikes (alias Pedelecs), die der „Stern" aufgrund hoher Unfallzahlen schon mal realitätsnah als „Vorstufe zum Rollstuhl" bezeichnete. Auch Mountainbikes mit 37 Gängen gehören nicht auf die Insel. Es sei daran erinnert, dass es dort keine Mountains gibt.

Man könnte einwenden, dass es angesichts des aktuellen bundesweiten Disziplinverfalls auf zwei Rädern und einer sich abzeichnenden Überhandnahme dieses alternativen Transportmittels ohnehin an der Zeit gewesen wäre, auf der Insel für Beschränkungen zu sorgen. Aber die Radlosigkeit hat auf Baltrum eh Tradition. Ein Konsens über Autofreiheit bestand vernünftigerweise seit eh und je. Aber es wurde auch schon früh eingesehen, dass es in der insularen Enge immer wieder zu **Kollisionen** und anschließenden Pöbeleien zwischen Fußgängern und Radlern gekommen wäre. Also wurde den einen der Vorzug gegeben und den anderen nicht. Der **Strand** ist ohnehin für Fahrräder tabu, und manche **Wanderwege** sind wegen ihrer Sandauflage butterweich – und somit nicht zum Radeln geeignet.

Kaum wegzudenken aus dem Inselbild sind dagegen **Bollerwagen,** vierrädrige Wägelchen, die man mit Kindern und ihrem vielteiligen Plastikzubehör bestücken kann und mit denen sich sogar (in mehreren Fuhren) die Sandburg zur Ferienwohnung karren lässt, wenn die lieben Kleinen denn darauf bestehen. Die Wagen sind sowohl am Strand als auch im Ort einsetzbar. Einfach mal den Vermieter fragen, der hat meistens solch ein Fahrzeug. Sonst kann man eines leihen; die entsprechenden Schilder weisen den Weg.

Insel-Info A–Z

Schwerguttransport im Westdorf von Baltrum

Hilfsgeräte wie **Rollstühle** und **Rollatoren** sind selbstverständlich ebenfalls zugelassen. Es gibt sogar für das Watt taugliche Modelle.

Pferde sind für den Sport (⟋ dort) da und nicht unbedingt, um von A nach B zu gelangen. **Kutschen** werden nur für spezielle Begebenheiten eingesetzt, z.B. für Rundfahrten und Hochzeiten, und sie sind alles andere als störend, sondern beleben das Inselbild auf fröhliche Weise.

● **Information: Gaiser,** Tel. 04939-9909000, oder **Steffen,** Tel. 04939-910535.

Mit der Kutsche ins Eheglück

Ein Hort der Stille

„Grabesstille", lästern manche Lärmsüchtige auf Baltrum, „Friedhofsruhe". In der Tat: Keine Disco wummert auf der Insel, keine rasenden Autoreifen zerreißen die Stille, keine Eisenbahn schrammt durch den rustikalen Frieden, kein Jet dröhnt. Selbst die kleinen Propellermaschinen, die auf Baltrum starten und landen, sind zu schnellem Abbiegen von der Insel angehalten.

Wer ohne die festländische Dröhnung nicht auszukommen glaubt, muss dorthin reisen, wo sie präsent ist – kein Mangel daran in deutschen Landen. Gut die Hälfte aller Bundesbürger findet den sie umgebenden Verkehrslärm von 50 Millionen Kraftfahrzeugen kaum noch erträglich. Aber es gibt kein Entkommen davon (es sei denn, man reist nach Baltrum). Ist der Dauerkrach normal? Wer diese Frage bejaht, hat schon die erste Phase des Krankseins erreicht, von dem so viele Zivilisationsmenschen betroffen sind. **Lärm** gilt heute in Deutschland als das **Umweltproblem Nummer eins.** Er massakriert nicht nur Innenohren – große Teile des deutschen Jungvolks sind mittlerweile irreparabel schwerhörig, andere leiden am Dauerpfiff des Tinnitus. Aber dabei bleibt es nicht. Lärm schwächt auch das Herz, schädigt das Immunsystem, treibt den Blutdruck hoch und steigert das Risiko für Magengeschwüre. Womöglich macht er sogar dumm, haben manche Wissenschaftler herausgefunden. Weil er auf den Geist geht. Ziemlich trübe Aussichten für Kinder im Krachmilieu.

Wer Lärm mit Unterhaltung gleichsetzt, erfreue sich gern an den Dezibeln. Von der Friedhofsruhe kann er/sie dann bald mehr haben. Mit allein **2000 jährlichen Toten** durch lärminduzierte Leiden rechnen amtliche Stellen in Deutschland.

„Totenstill" ist es auch auf Baltrum nicht. Die Brandung grummelt, der Wind braust, Möwen schreien. Manche Leute haben sich selbst darüber schon beschwert. Wer aber nicht einmal mit dieser milden **Naturkulisse** leben kann – eben weil die fetzige fehlt –, ist ein Fall für die Pharmaindustrie.

Fotografieren

Was gibt es auf einem winzigen Eiland denn überhaupt zu fotografieren, wird mancher Kurgast einwenden, der schon nach einem kurzen Umher-
blick die Abwesenheit von Motiven konstatiert. In
der Tat muss man das **Auge für Szenarien schär-
fen,** die mehr als den üblichen Sandstrand mit darauf stehenden Körben (weißen auch noch!) bieten und manchmal sogar den Einsatz einer Videokamera lohnend machen. Ein Beispiel: Eine Grup-
pe Badegäste spaziert den Strand entlang. Es
stürmt sehr stark, und einer Dame wird der Hut
vom Kopf gerissen. Da segelt er, in Windeseile,
dem Fernen Osten entgegen. Aber ein Kavalier
hetzt sofort hinterher, erreicht ihn auch und landet

Ob magische Rituale in der
Dämmerung oder geheimnisvolle Dünen-Engel –
für fantasievolle Fotografen hält Baltrum unzählige Motive bereit

– plautz! – auf dem Bauch. Alles krümmt sich vor Lachen. Der Hut kullert weiter. Aber jetzt wird ein Hund – ausnahmsweise mal – von der Leine befreit. Das kluge Tier erkennt auch sofort, was Sache ist, saust dem Hut nach, kriegt ihn zu fassen und apportiert ihn. Großer Jubel. Ein solcher Slapstick wäre etwas für YouTube gewesen, aber der Autor hatte leider keine Videokamera dabei.

Aber im Ernst: Ein Mangel an Motiven herrscht auf Baltrum keineswegs, wie dieses Buch zur Genüge demonstriert. Wahr ist zwar, dass die beiden Inseldörfer, wie später noch beschrieben, recht dröge daherkommen. Aber selbst dort lässt sich manches Fotografierenswerte finden. Und was alles bietet die **insulare Natur!** Was für geradezu unirdische Muster bilden Wasser und Sand im stetigen Zusammenwirken mit Wind und Tiden! Die dschungelartige Vegetation im Bereich des „Gezeitenpfades"! Nur eines bedenke man bei aller Begeisterung: Fliegender **Sand** und **Wasser** in der Luft sind tödlich für die Kamera. Man führe immer ein Behältnis mit, um sie zu schützen, und sei es nur eine popelige Plastiktüte.

Gastronomie

Baltrum hat so viele Restaurants, Lokale und Imbisse, dass man während der Dauer eines normalen Urlaubs fast jeden Tag ein anderes besuchen könnte. Sie sind nachstehend in der offiziellen Reihenfolge ihrer Hausnummern aufgelistet. Das Angebot von Speisen und Getränken ist überall gut, und besonders die Küchen der Hotels tun sich dabei mehrsternig hervor. Die qualitativen Bewertungen muss der Gast aber schon selbst vornehmen; die Geschmäcker sind halt zu verschieden. Das lässt sich leicht an Kritiken im Internet ersehen: Dem einen Esser schmeckt es in einer bestimmten Speisestätte vorzüglich, ein anderer findet es dort grässlich. *Chacun à son goût!*

Man sollte schon eine gewisse Vorliebe für **Seafood** mitbringen, zumal Ronald MacDonald und Konsorten nicht auf Baltrum vertreten sind. Überhaupt: Wer feine Fischgerichte und Garnelen zugunsten von „Pommeß mit Ketschup" verschmäht, wäre fern der Insel vielleicht besser aufgehoben ...

Die Gastronomie, besonders die insulare, hat es an sich, dass dann und wann mal ein Restaurant dicht macht, weil die Betreiber mit dem Umsatz unzufrieden waren oder warum auch immer. Oder ein neues entsteht. Oder eines ändert den Namen. Selbst die neuesten Baltrumer Unterlagen, die der Ausgabe dieses Buchs zur Anschauung dienten, stimmten zum Teil nicht mehr und mussten im Internet auf den aktuellen Stand gebracht werden.

Wenn nicht anders angegeben, befinden sich aufgelisteten Gaststätten im **Westdorf.**

Es muss nicht immer Haute Cuisine sein: Auch ein Krabbenbrot gehört zu den Hochgenüssen der Nordsee-Gastronomie

• **Sturmeck,** Haus Nr. 7, Tel. 04939-239, www.wietjes-paulick.de.

„Hier herrscht nie Flaute!", heißt es in der Eigenwerbung der Bier- und Weinstube. Und zwar in Bezug auf den kleinen Hunger und den großen Durst. Selbiger kann bereits zur Frühschoppenzeit gestillt werden, im Sommer sogar im Freien und mit Livemusik.

• **Café Tant' Dora,** Haus Nr. 20.

Café, Bistro, Tee- und Kaffeeladen. Tut sich mit besonders großen Kuchenstücken hervor.

• **Ristorante Fellini,** Haus Nr. 24, Tel. 04939-9102888, info @fellini-baltrum.de.

Genüsse aus dem Pizzaland, die man auch auf der Terrasse zu sich nehmen kann. Aber nicht nur Pizzen gibt es, sondern auch handfestere italienische Spezialitäten und, natürlich, *gelati*.

• **Zum Inselwirt,** Haus Nr. 24a, Tel. 0160-98023235.

Café, Kneipe, Bistro.

• **Café Kluntje,** Haus Nr. 29, Ostdorf, Tel. 04939-419, www.kluntje.com.

Mehr als ein Café, vielmehr ein Restaurant mit bürgerlicher, deutscher und regionaler Küche. Und nicht nur das. Jede Menge Internet-Einträge belegen die herzliche Atmosphäre zwischen den Gästen und dem Wirtepaar *Antje* und *Ulf* („Herr Kluntje"), und offenbar schmeckt es dort auch bestens. Wer Einwände hat, beschwert sich unter peinlich@kluntje.com und kann Remedur erwarten. Ein Kluntje ist übrigens ein Kandisbrocken für den Tee. Mittwochs gibt es keinen Tee, denn dann ist das Kluntje dicht.

Insel-Info A–Z

028ba Foto: rh

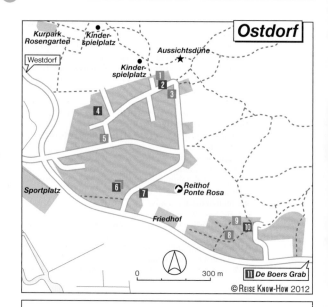

Ostdorf

© REISE KNOW-HOW 2012

■ **Übernachtung**
2 Haus am Wäldchen (183)
4 Naturhotel Baltrum (171)
6 Hotel
   Dünenschlösschen (48)
7 Haus Likedeeler (180)
11 Niedersächsischer
   Turnerbund

■ **Essen und Trinken**
1 Feldmanns Fischecke (97)
5 Sealords (122)
6 Hotel
   Dünenschlösschen (48)
9 Café Kluntje (29)

(Hausnummern in Klammern)

■ **Geschäfte/Betriebe**
3 Filiale Frischemarkt
   Baltrum
8 Kunst mal kieken,
   Balteringe und
   Witte Sand

■ **Wassersport**
10 Windsurfing-Schule
   Haus Wattenblick

●**Hotel Dünenschlösschen,** Haus Nr. 48, Ostdorf, Tel. 04939-91230, www.duenenschloesschen.de.

Die vorzügliche Küche dieses Hotels genießt einen mehr als inselweiten Ruf. Für Gäste des Hauses auch verfügbar als Halbpension mit drei Gerichten zur Wahl. Man nimmt mit offensichtlicher Absicht ein bescheidenes Profil ein, hinter dem sich aber Substanzielles verbirgt. Tagsüber mal das Café Friesenstube für Tee und Kuchen (selbstverständlich selbstgebacken) aufsuchen, und dann erst mal Pause machen. Aber am Abend im hoteleigenen Restaurant in die Vollen gehen – garantiert ein genussvolles kulinarisches Erlebnis!

●**Skipper's Inn,** Haus Nr. 50, Tel. 04939-910933, www.skippers-inn.de.

Maritime, internationale und Szeneküche, die manchem Gast schon fünf Sterne wert gewesen ist. Auch das herrliche Durcheinander im Inneren wird von vielen Besuchern geliebt. Draußen ist übrigens der im Kapitel „Fragen und Antworten" erwähnte Hai zu finden! Drinnen gibt es „Himmelgucker" (ein Fisch aus dem Atlantik) auf der Speisekarte und dazu Queller (nicht aus dem NSG), beides ganz neue kulinarische Erfahrungen.

●**Hotel Fresena,** Haus Nr. 55, Tel. 94939-231, www.fresena-baltrum.de.

Friesisch geht's in der Hotelgaststätte zu und dank vieler Antiquitäten fast schon museal, was dem gemütlichen Ambiente keinerlei Abbruch tut – ganz im Gegenteil. Gut: Schon am Morgen kann man auf einer wechselnden Tageskarte das jeweilige Abendmenü einsehen und seine Bestellung aufgeben, die dann punktgenau serviert wird. An der Theke gibt es auch mal Sanddorn (⌀ Exkurs „Der vielseitige Sanddorn") zu probieren – als Schnaps. Mittwochs wird der berühmte friesische Eiergrog (vulgo „Klötenköm") gereicht, Donnerstag ist Gamba-Abend und am Freitag großes Fischbuffet – Herz, was willst du mehr?

●**Strandhotel Wietjes,** Haus Nr. 58, Tel. 04939-91810, www.wietjes.de.

Feine Sachen aus der Region gibt es hier, wozu natürlich vor allem Seafood gehört. Beim Dinieren bitte öfters mal nach unten schauen, wo sich ein Fußboden aus echter sibirischer Lärche dehnt, und auch die „sonnige Farbgebung" der Wände beachten! In der Küche wirtschaften vier Damen, und was sie erkochen, ist vielsternig, zumal alle Zutaten „biologischer" Herkunft sind und sich auch nach den Erntezeiten richten. Das gefiel dem Autor, der sonst ein rechter Restaurant-Muffel ist, sehr.

●**Strandcafé,** Haus Nr. 70, Tel. 04939-200, www.strandcafe-baltrum.de.

Der Name klingt harmlos, aber dahinter steckt ein richtiges Schwergewicht. Gastronomische Heimeligkeit wird man hier vergeblich suchen, aber nirgendwo auf Baltrum ist mehr los als in dieser multifunktionellen Klause, in der Atzung (von Gambas bis Pfannkuchen), Atmosphäre und Bedienung höchste Benotungen auf sich vereinigen. Ein winziges Haar in der Suppe gibt es allerdings. „Mit gefällt das gemischte Puplikum", schreibt jemand. „Nur die Toiletten ... aber kann man mit leben." Na, wer sagt's denn?

● **Bei Charly,** Haus Nr. 73, Tel. 04939-214, asad-charly@ t-online.de.

Bassam Asad managt dieses mitten im Ort gelegene Lokal, das vor allem bei jungem Volk beliebt ist. Allerdings: *Chacun à son goût* hat hier wirklich seine Berechtigung! Bewertungen wechseln zwischen verheerenden Urteilen („Lange Wartezeiten, schlechter Service" usw. Und: „Aufgrund der aufgeführten Gründe verließen viele Gäste frustriert und hungrig das Lokal") und hohen Lobpreisungen („leckeres Essen, Baltrum ohne Bei Charly: unvorstellbar") – Sternzuteilungen mithin zwischen einem und fünf. Der Autor fand an Charly nichts auszusetzen – mal selbst probieren, was so Sache ist.

● **Hotel Seehof/Moby Dick**®, Haus Nr. 86, Tel. 04939-912920, www.seehof-baltrum.de.

Wie in allen Hotel-Restaurants isst man hier sehr gut; das Moby Dick wird deshalb viel gelobt. Schönes, gemütliches Ambiente mit zahlreichen maritimen Exponaten. Die exzellente Küche winkt mit „fangfrischen" (na, na?) Meeresfrüchten und zarten Steaks, Raffiniertem und Deftigem. Was das ® hinter dem „Dick" soll, muss man sich allerdings mal erklären lassen.

● **Café/Backshop Störtebeker,** Haus Nr. 95.

Man kann nicht an dem Café dieses Namens vorbeilaufen, denn Störtebeker steht direkt vor der Tür. Außerdem zeigt die im gleichen Haus befindliche Postfiliale hier ihr gelbes Schild. In dem Café und Bistro kann man sich überdies mit frischen Backwaren, darunter vorzüglichen Morgenbrötchen, eindecken.

● **Feldmanns Fischecke,** Haus 97, Ostdorf, Tel. 04939-393.

Hier braucht man nicht lange zu raten, was im Programm steht, darunter auch Fish & Chips statt immer nur Fish & Ships. Ansonsten alles Mögliche mit „-fisch" Endende: Räucher-, Back- und Frischfisch, auch für den Hausgebrauch. Außerdem Matjes und Granat.

● **Sealords,** Haus Nr. 122, Tel. 04939-320, www.sealords-baltrum.de.

Besteht seit Februar 2011, maritimes Dekor, einladend aussehender gehobener Standard. Serviert werden Seafood und Steaks vom Feinsten. Die Wirtsleute *Anja* und *Gerd* werden wegen des gelungenen Ambientes („Wohlfühloase") viel gepriesen. „Da kommt Piratenfeeling auf", kommentiert jemand, der offenbar noch nie vor Somalia war. Bei einer Mahlzeit im Sealords kommt auf alle Fälle ein gutes Feeling auf. Ganzjährig offen.

Insel-Info A–Z

●**Hotel Strandhof/Kiek rin,** Haus Nr. 123, Tel. 04939-890, www.strandhofbaltrum.de.

Populäres Restaurant, etwas für Anspruchsvolle (geworben wird unter anderem mit „Schlemmermenüs").

●**Hotel Witthus,** Haus Nr. 137, Tel. 04939-990000, www.hotel-witthus.de.

Café und Restaurant mit ausgezeichneter Küche. Nichts ist zu klein oder zu groß. Pfannkuchen? Bitte sehr! Hummer? Auch vorhanden. Die ganze Seafood-Palette ist eben-

Das Café Störtebeker wird strengstens bewacht

falls da. Und man kann sich auf der großen Terrasse mit Blick auf Wattenmeer und Hafen delektieren. Auch Familienfeiern mit bis zu 70 Personen werden gern arrangiert. Montag Ruhetag. Im Winter zeitweilig dicht.

●**Hotel Strandburg,** Haus Nr. 139, Tel. 04939-262, www.strandburgbaltrum.de.

A la carte-Restaurant mit regionalen Fisch- und Wildspezialitäten. „Sehr gut alles rund ums Essen, sehr engagiertes Personal." Mit dieser Gastbewertung ist wohl alles gesagt.

●**Mittendrin Fisch,** Haus Nr. 141, mobil 0170-3036025, www.mittendrinfisch.de.

Wenn man auf den Reetdachpavillon am Dorfplatz zusteuert, ist man auf dem richtigen Kurs. Was das kulinarische Angebot angeht, ebenfalls: Spezialitäten aus der Nordsee, Frischfisch zum Mitnehmen. „Bester Inselfisch", heißt es übereinstimmend mit Zuteilung von fünf Sternen.

●**Teestube,** Haus Nr. 149, Tel. 04939-600, www.teestube-baltrum.de.

Nicht nur Tee gibt es hier, sondern auch Greifbareres, denn es handelt sich um ein Café und Restaurant. Mit Kamin und Dielenfußboden! Feine Fisch- und Fleischgerichte stehen im Programm, und mit Pasta weiß man ebenfalls sehr gut umzugehen. Natürlich gibt es auch Kuchen und Eis, und für Familienfeiern darf man bis zu 80 Gäste mitbringen.

●**Stark's Strandladen,** Haus Nr. 160, vor dem Jugendclub.

Kiosk und Bistro am, klar, Strand.

●**Zum Seehund,** Haus Nr. 178, Tel. 04939-228, www.flockert.de.

Gleich gegenüber von der Inselglocke. Sehr beliebtes Lokal (vier Sterne) mit vorzüglicher Küche und freundlicher Bedienung. Große Speise- und wechselnde Tageskarte mit stattlicher Auswahl und zivilen Preisen. Der Autor ließ sich einen auf der Insel gefundenen Riesen-Champignon zubereiten, was anstandslos und mit vorzüglichem Resultat erledigt wurde.

●**Verhungernix,** Haus Nr. 236.

Imbiss für den schnellen Hunger, den man gleich nach der Ankunft der Fähre stillen kann, denn das Haus steht dicht am Kai.

●**Die Welle,** Haus Nr. 240, Tel. 04939-990-676/-224.

„Der Chef kocht selbst!" Und er hat auch was vorzuzeigen. Man erhält mit Blick aufs Schwimmbad oder die Dünen zum Beispiel das sogenannte Rettungsbootsteak. Nein, damit kann man nicht paddeln gehen, aber ein Teilerlös kommt der DGzRS zugute – eine exzellente Idee! Außerdem gibt es Waffeln, Eis und Kuchen, alles verzehrbar in hauseigenen Strandkörben.

Geld

Es sei darauf verwiesen, dass nur die Hotels **Kreditkarten** akzeptieren. Kleinere Einheiten wie Pensionen und Fewos wollen mit wenigen Ausnahmen nichts von ihnen wissen.

Banken gibt es in den Häusern 159 und 311, beide mit EC-Geldautomaten, und im Haus 95 (Postbank).

Kommt die **Geldkarte** abhanden, kann man diese unter der Telefonnummer **116 116 sperren lassen.** Doch nicht alle Banken sind hierbei mit an Bord; am besten informiert man sich auf der Website des eigenen Geldinstituts.

Heiraten

Baltrum ist bei Heiratslustigen sehr beliebt. So viele Paare haben sich auf dem Dornröschen-Eiland bereits das Jawort gegeben, dass einige bestimmt schon keine Paare mehr sind. Die Beliebtheit unter Ringtauschwilligen liegt nicht zuletzt daran, dass alle nötigen Infrastrukturen vorhanden sind und dass der kleinen Insel ein gewisses **romantisches Flair** nicht abgeht. Ganz speziell, wenn in der **Alten Inselkirche** der Bund geschlossen wird. Pastorin und Küster legen sich dann mächtig ins Zeug, um die ehrwürdige Inselglocke zu läuten, während die Hochzeitskutsche vorfährt und eine Traube von Zuschauern schmunzelnd an den Geschehnissen teilnimmt. Jedermann ist willkommen, der Zeremonie in der Kirche beizuwohnen, mit der warnenden Bitte allerdings, „nicht mitten in der Predigt wieder rauszulaufen". Macht ja auch keiner. Dazu sind die Vorgänge viel zu interessant.

Standesamtlich kann man sich im **Rathaus** trauen lassen, während die Hochzeitsgäste im großen Saal mit Meeresblick oder im gemütlichen kleinen Trauzimmer die Dinge verfolgen.

Insel-Info A–Z

Vorbereitend ist Folgendes zu erledigen: Man meldet die geplante Eheschließung beim Standesamt des Wohnortes an. Dort erfährt man, welche Papiere benötigt sind. Diese werden alsdann per Post zum Baltrumer Standesamt geschickt, mit dem man sich per Telefon (04939-8024) oder per E-Mail (hochgrebe@baltrum.de) auseinandersetzt. Außer am Sonntag kann der offizielle Akt jederzeit anberaumt werden. Für eine Terminabsprache mit dem Baltrumer Pfarramt rufe man Tel. 04939-914906 an.

Diverse Caterer, Restaurants, Hotels, Kutschunternehmer und Blumenläden sind auf Hochzeiten spezialisiert und stehen vor Ort zur Verfügung, können gegebenenfalls das komplette Prozedere organisieren. Kostet natürlich was.

Hunde

Man hat auf Baltrum nichts gegen Hunde, zumal sie so gekonnt Hüte apportieren, wenn auch einige Vermieter sie ablehnen – man mache sich kundig. Die Gemeinde bittet um Rücksicht. Für hündische Hinterlassenschaften stehen 15 Spenderboxen bereit, denen kostenlos „Hundetüten" entnommen werden können.

Von März bis Oktober besteht inselweite **Anleinpflicht.** Dies gilt ebenfalls für den „Hundestrand" im Abschnitt D (↗ Karte), den man so (beim letzten Strandabgang/Starks Strandladen) zu betreten bittet, dass man den Badestrand nicht

So lange Bello, Fiffi und Wurzel unter menschlicher Kontrolle bleiben, sind sie auf Baltrum willkommen

überqueren muss. Zwingend an die Kette gehört der Hund in der Ruhe- und Zwischenzone des **Nationalparks Wattenmeer.** Auch wenn der Bello als lieb und artig gepriesen wird – wenn sein Jagdtrieb erst einmal erwacht, ist kein Halten mehr. Die Vogelwelt wird dadurch in akute Gefahr gebracht. Man beachte in diesem Zusammenhang auch den Vermerk unter „Polizei". Kontrollen durch Parkranger finden statt, wenn auch keine sehr strikten.

Auf allen **Fähren** und **Ausflugsschiffen** sind Hunde (gegen Gebühr) zugelassen.

Internet

Gebührenheischende Terminals und WLAN-Hotspots stehen in der Kurverwaltung und im Sind-Bad. Man kann auch einfach mal den Hauswirt fragen, ob man sich in sein Gerät einklinken darf, sofern er nicht argwöhnt, man könne es „kaputt machen".

030ba Foto: ah

Kinder

Klein ist groß

Ist Baltrum eine „Kinderinsel"? Aber hallo! Auf ihr sind die Kleinen die Größten, und „kurze Wege für kurze Beine" (Werbespruch) machen das Zwergenleben zum Vergnügen. Ausnahmsweise mal nicht auf den Rücksitz eines Autos gefesselt sein, sondern in unformatierter Freiheit die Welt auf eigenen Füßen erkunden – das ist doch was! Allein die riesige Sandkiste vor der Tür scheint für Kinder geradezu gemacht. Dort lässt sich jeden Tag eine neue Burg bauen (jedenfalls ihre Anfänge, Papi schaufelt dann weiter). Die insularen Institutionen sind zudem bemüht, den Wichteln eine volle Palette von Vergnügungen anzubieten: Basteln, Turnen am Strand, Wattwanderungen, Kino, Konzerte, Vorführungen von Clowns, Jongleuren und Zauberern, Puppen-, Musik- und Kindertheater, sogar behutsame Heranführungen an die Bibel. Selbst die Surfschule bietet schon Kurse für die Kleinen an, damit sie sich im späteren Leben auf dem Brett behaupten können.

Außerdem gibt es mehrere **Spielplätze,** auf denen die Lieben der Piratenpartei nacheifern können: Neben „Onno" (⌐ unten) beim Strandcafé, bei der Inselschule und beim Kiefernwäldchen.

Drinnen weiter

Doch selbst dieses satte Programm verpufft zum
großen Teil, wenn es regnet. Dann wird gequen-
gelt, und das Geschehen muss ins Innere verlagert
werden. Nämlich in **Onnos Kinderspöölhus,** be-
nannt nach einem Inselmaskottchen und mit jeder
Menge Spielkram angefüllt. Obwohl beaufsichti-
gendes Personal da ist, sind die Eltern gehalten,
selbst auf ihre Zwerge aufzupassen. Nur während
eigener Kuranwendungen können sie ihren Nach-
wuchs dort „parken" (Voranmeldung bitte), ohne
dass das Haus irgendwelche Pflichten übernimmt.

Onno ist im Haus Nr. 68 zu finden und unter
Tel. 04939-8036 zu erreichen. Offen von Ostern
bis Ende der Herbstferien.

Die urigen Inselkirchen

Die älteste Kirche Baltrums, oder genauer deren spärlicher Überrest, ist paradoxerweise auf der Nachbarinsel **Norderney** zu finden. Auf deren Osthälfte machte sich früher, wie im Kapitel „Baltrums Geschichte" noch nachzulesen sein wird, die Insel Baltrum breit, und dort war die erste Kirche entstanden. Die Grundsteine wurden erst in jüngster Zeit wiederentdeckt. Vom Baltrumer Westkopf blickt man über die Wichter Ee hinweg auf die Stätte, aber Einzelheiten sind natürlich nicht zu erkennen. Eine weitere Kirche nahe dieser Position, Baltrums zweite, ging im Zuge der insularen Ostwanderung verloren. Von ihr existieren keine Überreste, bzw. sind sie noch nicht gefunden worden.

Kurz nach der verheerenden Sturmflut von 1825 machte man sich unter Mithilfe mehrerer ostfriesischer Gemeinden daran, ein neues Gotteshaus zu bauen. Besser ein Gotteshäuschen, denn es ist sehr klein, eher eine Kapelle. Die sogenannte **Alte Kirche** (evangelisch-lutherisch) steht heute mitten im Westdorf und dient vorzugsweise für sommerliche Abendandachten sowie Taufen und Trauungen im kleinen Kreis. Sie ist nach Spiekeroogs Alter Inselkirche von 1696 das zweitälteste Gotteshaus auf einer ostfriesischen Insel. Nur jene in Nordfriesland sind älter, zum Teil jedoch wesentlich.

Vor dem Kirchlein befindet sich die berühmte **Inselglocke,** die im Kapitel „Sehenswertes" näher beschrieben ist.

Am auffälligsten ist die 1930 eingeweihte **neue evangelisch-lutherische Kirche,** denn ihr 1964 auf 19 Meter erweiterter Glockenturm ist das höchste Bauwerk der Insel. Man kann ihn erklimmen und findet oben nicht nur einen schönen inselweiten Ausblick vor, sondern auch

Die katholische Kirche

eine gut sortierte Bücherei. Das Innere des Gotteshauses ist ansonsten protestantisch karg; der Altar besticht mit seiner Schlichtheit. In dieser Kirche finden jeden Sonntag um 10 Uhr Gottesdienste statt, wobei das 561 Kilogramm schwere Geläut mit der Inschrift „Christ, Kyrie, komm zu uns auf die See!" sowie zwei später zugefügte kleinere Glocken in dröhnende Bewegung gesetzt werden. Die neue Kirche fasst etwa 300 Personen.

Baltrums **katholische Kirche** ist neueren Datums. Sie wurde 1957 eingeweiht und so konzipiert, dass das Gebäude im Sommer 300 (in einem überdachten Vorhof) und im Winter 50 Personen (in einem geschlossenen Teil) aufnehmen kann. Ein kleiner Rundgang durch das dem heiligen Nikolaus von Myra, Schutzpatron der Seefahrer, gewidmete Gotteshaus lohnt sich. Schon das Äußere passt sich mit Ziegelrot und Reetdach dem allgemeinen Ortsbild gelungen an. Schön sind auch die farbenfrohen Fensterbilder mit Darstellungen von Bibelszenen und Heiligen. Das Innere ist, vergleichbar mit der evangelischen Kirche, offenbar bewusst spartanisch gehalten, wohl von dem Gedanken ausgehend, dass Überladenes nicht nach Baltrum gehört.

Auch in der katholischen Kirche finden jeden Sonntag um 10 Uhr Gottesdienste statt.

Insel-Info A–Z

032ba Foto: rh

Notfall

Man muss sich keinen Sorgen hingeben, dass die Abgeschiedenheit und Motorlosigkeit Baltrums einen medizinischen Notfall etwa verschärfen könnte. Arztpraxis, Rettungswagen, Feuerwehr, Polizei, Seenotkreuzer, Flugzeug und Hubschrauber stehen bereit, um einem Kranken oder Verunfallten zu helfen. Das kann mitunter schneller gehen als auf dem von Autos verstopften Festland. Natürlich: Wer in ferner Strandeinsamkeit zusammensinkt, kann allerdings keine spontane Hilfe erwarten. Aber das ist ja auf der ganzen Welt so.

● **Notrufnummern:** 110 oder 112.

Polizei

Die **Dienststelle** der Polizei befindet sich im Haus Nr. 215, hinter dem Restaurant Bei Charly, Tel. 04939-410, Notruf 110. Totgearbeitet wird sich dort nicht, aber im Sommer gesellt sich immerhin ein Kollege hinzu, um dem solitären Gendarmen unter die Arme zu greifen, denn dann kann es etwas lebhafter werden. In der Regel handelt es sich um Routine- und Kleinkram: Krach in der Kneipe, Rempeleien unterm Jungvolk („Jugendsachen"), Radeln, wo man's nicht darf. Auch ein Inselkoller war schon mal im Sortiment, ein richtiger Amoklauf, den ausgerechnet ein Koch veranstaltete. Ungemütlich werden die Cops, wenn Inselgäste in die Dünen und Naturschutzgebiete streunen, wenn Bello nicht vorschriftsmäßig an die Leine genommen wird oder einen unentsorgten Haufen hinterlässt. Das sind dann Ordnungswidrigkeiten, und die werden ordentlich in Rechnung gestellt.

Wie bereits im Vorspann erwähnt, ist Baltrum eine der denkbar **sichersten Stätten,** wo nicht einmal die Haustüren verschlossen werden. Es kann jedoch geschehen, dass im Sommer einige Bösewichte anreisen, um abzuräumen. Das geschieht zumeist am **Strand.** Die Badegäste vergnügen sich im Wasser, lassen ihre Wertsachen unbeaufsichtigt liegen – und schon passiert's. Der Detektiv kann dann auch nicht mehr viel ausrichten.

Der Dorfgendarm hoch zu Ross geistert immer noch durch die Inselannalen, aber es gibt ihn schon seit langer Zeit nicht mehr.

Post

Eine kleine Postagentur, immerhin aber mit Bank, befindet sich im Café Backshop Störtebeker (Haus Nr. 95), ganz in der Nähe der Inselglocke. **Briefkästen** gibt es an mehreren Stellen auf der Insel.

Presse

Das Blättchen **„Die Inselglocke"** wird seit 1927 vom Heimatverein Baltrum herausgegeben und erscheint sechsmal zwischen Ostern und Herbst. Es gibt einige Auskünfte darüber, was auf der Insel so los ist, und führt auch den einen oder anderen Exkurs in die Vergangenheit auf. Zum aktuellen „Lossein" erfährt man jedoch mehr durch die Aushänge, die überall in den Dörfern verteilt sind.

Ansonsten sind die festländischen Blätter von „Bild" bis „Spiegel" in den Märkten gut vertreten, und auch die Tageszeitungen, weil eingeflogen, fehlen nicht. Die üblichen Schmonzetten liegen ebenfalls in den Regalen, damit die Omi nachlesen kann, wie es weitergeht mit *Daniel* und *Victoria*. Und ob *Charlene von Monaco*, geb. *Wittstock*, an der Seite ihres Gatten immer „viereckiger" wird („Stern"), will sie schließlich auch wissen.

Handfesteren Lesestoff findet man im **„Bücherwurm"** (Haus Nr. 23, Tel. 04939-282). Das Lädchen hat von März bis Oktober täglich geöffnet, im Winter nach Aushang.

Sport und Spiel

Was Baltrum an Sportlichem anzubieten hat, gehört zum Herkömmlichen und soll Spaß machen statt Rekorde brechen. Schwere Gerätschaften sind deshalb nicht zu erwarten. Oft genug müssen nur die Hände und Füße herhalten, was ja auch nicht das Schlechteste ist und überhaupt immer mehr an Popularität gewinnt.

Angeln

Man höre und staune: Auf Baltrum benötigt man **keinen Angelschein** – bis auf Weiteres jedenfalls. Bevorzugt geangelt wird von den Buhnen (Achtung: Rutschgefahr!); die Kleinen dürfen ihr Glück im Ententeich versuchen.

**Burgen-
bauen**

Ist die Konstruktion von Krümelkastellen womöglich ein Sport? Die Beantwortung dieser Frage müsste man einer 300-seitigen Dissertation der Universität Köln entnehmen, die da heißt: „Der Begriff Sport im deutschen und im europäischen Recht". Der Autor des vorliegenden Buchs machte sich nicht die Mühe, aber alles, was irgendeine Bewegung beinhaltet, einschließlich Kirschkernweitspucken und Brötchenholen, dürfte dabei sein. Eine Klärung ist wichtig, denn für Wettbewerbe in einer sportlichen Disziplin kann man eventuell Dienstfrei beantragen („Spiegel" 40/2011). Vielleicht lässt sich auch ein „künstlerisches Projekt" geltend machen.

Jedenfalls werden „Burgen" am Strand von Baltrum fleißig erschaufelt, und niemand hat etwas dagegen. Es wird lediglich darum gebeten, die Kastelle nicht so anzulegen, dass jemand hineinfallen kann. Auch von Ringkonstruktionen um die **Strandkörbe** bittet man abzusehen. Wenn das Wasser nämlich mal hoch aufläuft, sitzen die Möbel in der Kuhle wie einbetoniert fest und müssen mit viel Mühe wieder befreit werden.

Der Burgenbau ist eine „typisch deutsche" Disziplin. Ausländer leiden wesentlich weniger auffäl-

lig unter dem Zwang, ständig etwas bauen zu müssen, und belächeln das Tun. Auch ist er eine exklusiv männliche Domäne. Schon die Knaben beginnen damit, verlieren aber bald die Lust, weil's anstrengt, und Papi ackert dann munter weiter, schon um es dem Nachbarn zu zeigen. Seelenforscher sehen in der Schaufelei ein „psychopathologisches Syndrom" mit der Diagnose, dass die Täter an irgendetwas leiden, das behandelt werden müsste. Aber in deutschen Landen kann man offenbar ganz gut damit leben.

Cobigolf/   Ob auch dies ein Sport ist, sei dahingestellt. Je-
Minigolf   denfalls existiert eine schöne Anlage am Kiefern-
              wäldchen, in der sogar Meisterschaften ausgetragen werden.

Rund um Strandkörbe sollte man
seine Burgenbau-Leidenschaft bezähmen

Drachen-   Auf einem **speziellen Strandabschnitt** östlich
steigen   vom Hundestrand kann man sein Fluggerät in Bewegung setzen. Aber nur dort. Die Lärm- und
Luftverkehrsordnung sowie die Gesetze des Nationalparks lassen es anderswo auf der Insel nicht
zu. Wem solch ein Apparillo schon mal vor den
Kopf geknallt ist, wird das freudig unterschreiben.
Außerdem macht das Geschwirre Pferde scheu
und bringt sie unter Umständen zum Durchge-
hen, was nicht wünschenswert ist. Niemals sollte
man abgerissene **Drachenschnur** zurücklassen!
Wildtiere können sich darin verheddern und sind
dann zum Sterben verurteilt.

Durch die Blume lässt die Nationalparkverwaltung Drachenfreaks wissen, dass es auch im Binnenland beste Gelegenheiten zum Steigenlassen
gibt. Mit anderen Worten: Macht das dort und
nicht auf der Insel! Wer das nicht rafft, wird etwas
deutlicher auf die Rechtslage hingewiesen: „Im
Nationalpark-Gesetz ist das Drachensteigen in der
Ruhe- und Zwischenzone grundsätzlich untersagt.
(…) Laut niedersächsischem Naturschutzgesetz ist
es auch außerhalb des Nationalparks oder anderer Schutzgebiete verboten, wildlebende Tiere unnötig zu beunruhigen."

Bei Verstößen gegen geltende Rechtsvorschrif-
ten können Bußgelder verhängt werden.

Gymnastik   Den ganzen Sommer über finden am **Strand** täg-
und Fitness-   lich Gymnastikübungen unter Anleitung statt, zu
training   denen jedermann zum Nulltarif eingeladen ist.

Das **EFPE-Sommercamp** ist ein einwöchiges
„Fitness-Event" für Sportbegeisterte (2012 vom 16.
bis 20. Juli). Info: www.efpe-net.de.

Jagen   Was! Jagen – auf einer fast zur Gänze naturge-
schützten Insel? In der Tat, auf Baltrum gibt es sogar einen Jagdclub und am Ostende eine Jagdhütte, die offenbar gelegentliches Angriffsziel von
Tierschützern ist, denn sie ist schwer verbarrika-
diert. Die Jagd hat jedoch gute Gründe, und wenn

man einen Flintenmann sieht, mache man ihn nicht gleich giftig an. Seine Ziele sind die **Kaninchen,** die auf Baltrum in ganzen Scharen unterwegs sind. Nicht nur richten die Nager schwere Schäden an der Inselvegetation an. Sie unterwühlen auch großflächig die Dünen und schwächen dieserart die insulare Stabilität. Es liegt daher im Interesse aller, ihre Zahl zu dezimieren.

Sie dezimieren sich allerdings auch selbst. Unter ihnen grassiert die durch eine Art Pockenvirus ausgelöste Krankheit **Myxomatose,** unheilbar und mit schlimmen Folgeerscheinungen bis zum baldigen Tod. Sie wird von einem Mucki auf das andere oder durch Parasiten mit Einschluss von Stechmücken übertragen, gottlob nicht auf den Menschen oder andere Tiere. Die Kaninchenleichen, die vielerorts umherliegen, sind Opfer dieser Krankheit. Manchmal findet man sogar ein bedauernswertes Tier am Wassersaum, wo es sein brennendes Fieber zu kühlen versucht. Die Jäger sorgen dafür, dass es möglichst gar nicht so weit kommt.

Kajak-fahren

Sehr beliebt auf Baltrum. Sogenannte Sit-on-Top-Kajaks gelten als optimal für Anfänger, weil sie kippsicher und unsinkbar sind.

● Verleih bei Uwe Wietjes am Badestrand. Info: Tel. 04939-553 oder 0176-70421703, www.kajak-baltrum.de.

Kegeln

Eine Scherenkegelbahn befindet sich im **Hotel Witthus** im Westdorf.

● Anmeldung: Tel. 04939-91190.

Kiten und Surfen

Baltrum genießt wegen idealer Bedingungen unter trendigen Kitern einen guten Ruf. Anfang September jeden Jahres wird sogar um einen Pokal gefochten.

● Surfkurse und Boards bietet schon seit über 30 Jahren die **Windsurfing-Schule** (VDWS), Kontakt: Haus Wattenblick, Nr. 192, Tel. 04939-433 oder 0171-7444959, www.wattenblick-baltrum.de.

Insel-Info A–Z

●Auch *Henning Kremer* bietet Kite-Kurse, und zwar hinter dem Kinderspielhaus direkt am Strand. Kontakt: **Surferhus,** Nr. 194, Tel. 04939-333 oder 0177-8017761, www.surfer hus.de.

Naturschützer sind weniger begeistert von dieser Sportart. Sie führen an, dass auf diese Weise mal wieder ein Stück Naturschutz klammheimlich untergraben wird. Und das im Zusammenwirken mit der Nationalparkverwaltung. Diese kann nämlich dort, „wo es mit den Schutzzielen vereinbar ist, Flächen für das Kitesurfen zulassen". Das ist auf Baltrum offenbar der Fall, und insofern ist also alles paletti.

Nordsee-lauf Einmal im Jahr findet Ende Juni/Anfang Juli in mehreren Nordseebädern mit Einschluss von Baltrum ein **Langlauf** statt, an dem jeder teilnehmen kann. Info: www.nordseelauf.de.

Reiten Die „Ponte Rosa" hat Strand- und Dünenausritte sowie Ponyreiten für Kinder im Programm.

●Im Ostdorf, hinter dem Hotel Dünenschlösschen, Tel. 04939-910535.

Schwimmen Wenn die Nordsee zu kräftig bullert oder ihre Kühle den Badenden garstig schrumpfen lässt, ist ein Ausweichen auf die angenehm temperierten Gewässer der Baltrumer Badeanstalt **SindBad** angesagt. Selbige, im Osten des Westdorfs in unmittelbarer Strandnähe befindlich, wurde 1999 von Grund auf modernisiert und ist heute ein „Kur- und Wellness-Center". Es beherbergt neben einer Sauna- und Badelandschaft die Kureinrichtungen für die verordneten Anwendungen sowie auch ein Meerwasser-Therapiebecken und einen Wellness-Bereich. Die lieben Kleinen können sich ab 2012 über ein totalrenoviertes Kinderbecken freuen. Das Bad ist mit Ausnahme einer Revisionszeit im November/Dezember ganzjährig geöffnet, und zwar täglich von 10 bis 18 Uhr. Die Preise:

● 1 Stunde Erw. 3,50 €, Kinder 2 €, 2 Stunden Erw. 5 €, Kinder 3 €, Sauna (3 Stunden) 12 €, Kinder 7 €, Fitness-Studio (unbegrenzt) 5 €.

Zum Schwimmen in der Nordsee ⌇ Abschnitt „Strände" in diesem Kapitel.

Tennis Ein Platz befindet sich neben dem Schwimmbad. Im Sommer (Juli/August) findet dort ein **Gästeturnier** statt, an dem man nach Einschreibung bei der Kurverwaltung teilnehmen kann. Kleiner Haken dabei: Mindestens zehn Inselübernachtungen sind nachzuweisen, sonst gilt man nicht als „Gast". Irgendwie schofel.

Volleyball Die für **Beachvolleyball** erforderlichen Felder findet man am Badestrand. Im Sommer finden mittwochs Turniere für Erwachsene statt. Teilnehmer tun sich dann schnell zusammen.

Ein Riesenspaß: im Galopp den Strand entlang

Wandern

Baltrum ist ideal zum Wandern: Die Entfernungen sind moderat, die Natur ist schön, und kein Auto oder Radler kann einen über den Haufen fahren.

Als einladendste Route bietet sich der lange, saubere **Strand** an. Da diese Tour von der Buhne N bis zum Ostzipfel der Insel durch die Zwischenzone des **Nationalparks** führt, darf man sich hier weitgehend ungehindert tummeln. Beginnend am Badestrand legt man bis dort ungefähr fünf Kilometer zurück und stößt dann auf einen Drahtzaun, der einem signalisiert: Bis hierher und nicht weiter. Dahinter beginnt nämlich die wattseitige Ruhezone: Betreten verboten! Es führen jedoch einige zugelassene **Pfade** durch dieses Areal, das bei Wiederannäherung nach Westen immer uriger wird. Man wähle auf der ersten Tour die Nordroute auf der Innenseite der Dünen, passiert auf dem Weg zwei Wetterhäuschen, die Jagdhütte (↗ oben) und die Ostbake und erreicht schließlich den **Gezeitenpfad.** Selbiger wird so genannt, weil sich auf 18 Stationen der sieben Kilometer langen Strecke Informationstafeln zum Thema Gezeiten befinden, außerdem zur Inselgeschichte, zum Küsten- und Naturschutz und zur Entwicklung des Tourismus auf Baltrum. Der Gezeitenpfad beginnt in Gegenrichtung am Hafen und führt über den Westkopf, quert dann den Strand und die Insel, setzt sich durch Dünen und ihre Täler fort, erreicht die Hellerwiesen und endet am Nationalparkhaus.

Man erbaue sich an den interessanten Schautafeln. Weitaus faszinierender ist jedoch die prächtige **Wildnis,** die sich an der Innenseite der Dünen offenbart und die ihresgleichen auf den Inseln sucht. Stellenweise sieht es aus wie in tropischen Gefilden. Dieser Pfad allein ist ein Grund, mal nach Baltrum zu reisen. Die südliche Route führt zumeist durch Marsch- und Sumpfland, aber auch dort gibt es viel zu sehen (↗„Baltrums Natur").

Wanderwege sind **grün markiert** und **Reitwege rot.** Aber man muss sich ja nicht unbedingt ins Gehege kommen.

Der Gezeitenpfad

Badestrand

Aussichtsdüne

Aussichtsdüne

Inselglocke ★ WESTDORF

● Kurverwaltung

OSTDORF

ALTES OSTDORF

Nationalpark-Haus

Flugplatz

Brutgebiet

© REISE KNOW-HOW 2012

0 — 1 km

● Station zum Experimentieren

1
- Der Queller
- Das Watt
- Die Gezeiten
- Die Salzwiese
- Begrüßung
- Strandflieder und Andelgras
Bewegliches Modell von Sonne, Mond und Erde

ℹ
- Das Gezeitenhaus Baltrum
- Danksagung

2
- Ein Ring für die Insel

3
- Eiderenten
- Steinwälzer und Meerstrandläufer

4
- Die Nordsee - Naturraum oder Wirtschaftszone?
- Rätsel am Horizont
- Strandleben

5
- Strandschätze

6
- Gott schütze unseren Strand

7
- Die Macht der Naturgewalten

8
- Mit Sand fängt es an

9
- Der Freund des Sandes
- Pflanzen bauen eine Insel
- Vom Winde verweht

10
- Weiße Dünen werden grau

11
- Trinkwasser auf Baltrum
- Oasen im Dünensand

12
- Baltrum auf einen Blick
- Inselgärten

13
- Klärschlammvererdung

14
- Die Segelschifffahrt
- Jan de Boer

15
- Die Lachmöwe
- Die Ringelgans
- Was ist ein Heller?

16
- Deichbau
- Well nich will dieken, de mutt wieken!

17
- Die Wirkung der Wellen

Strände

Die ganze Westecke der Insel wird von **Buhnen** (rechtwinklig in die See hinausragenden Steinwällen) eingenommen, insgesamt 14 an der Zahl, die diesen Teil Baltrums ausgesprochen igelig aussehen lassen. Hinzu gesellen sich jede Menge betonierter „Deckwerke", die auch nicht gerade heimelig wirken, aber zum Erhalt der Insel beitragen. Dort kann man nicht baden, ohne sich bös zu stoßen, und man darf's auch nicht, denn im Bereich der Buhnen toben starke **Strömungen** und **Brandungen.** (Man sollte auch nicht auf den Buhnen herumwandern, denn sie sind voll glitschigem und sturzförderndem Algenbewuchs).

Der Strand beginnt ab der letzten Buhne (N) und setzt sich etwa fünf Kilometer bis zum Ostzipfel fort, breit, sauber und unschuldig weiß – er kann sich sehen lassen. Auf der Landseite wird er von einer Kette prächtiger **Dünen** gesäumt, die man **nicht betreten** darf, weil ihr Erhalt lebenswichtig für das Bestehen der Insel ist. Außerdem sind sie das Heim von Seevögeln, namentlich Mö-

wen. Einige **Übergänge** führen hindurch; sie sind mit Doppelkreuzen auf Pfählen gekennzeichnet.

Das sogenannte **Anbaden** findet jedes Jahr am **15. Mai** bei Hochwasser statt. Die Nordsee ist dann noch recht frisch, da heißt es die klappernden Zähne zusammenbeißen. Von diesem Datum an wird der offizielle Badestrand von der DLRG bis Oktober überwacht, und zwar während deren Flagge über dem Badewärterhäuschen flattert. Wird eine rote Flagge hinzugefügt, müssen schwache Schwimmer das Wasser verlassen. Zwei Fähnchen bedeuten: Alles raus, Gefahr! An der DLRG-Station sind auch die Badezeiten ausgehängt, die sich nach Hoch- und Niedrigwasser richten. Zum Thema ↗ auch Exkurs „Gefahren am Strand".

FKK

Ist auf Baltrum **nicht vorgesehen.** In ferner Strandeinsamkeit möge man schon mal ins Lichtkleid schlüpfen. Man bedenke aber immer, dass es anderen Menschen nicht unbedingt zur Freude gereicht. „Die können doch wegsehen!" ist kein gültiges Argument.

Kleine Kinder andererseits in Badekluft zu zwängen, ist nun wirklich nicht nötig. Auch wenn manche Medien den Eindruck erwecken, dass alle deutschen Männer Kinderschänder sind, so tröste man sich damit, dass dies nicht den Tatsachen entspricht. Auf einer Mini-Insel wie Baltrum hätten Pädophile ohnehin schlechte Karten.

Herrliche Strandeinsamkeit am Ostende der Insel

Rauchen

Raucher gänzlich von den Stränden zu verbannen, wie es in anderen Ländern schon längst die Praxis ist, hat Baltrum noch nicht gewagt. Dass es aus dem benachbarten Strandkorb hinüberqualmt, muss man sich mithin auch länger gefallen lassen. Immerhin gibt die Kurverwaltung aber zum Nulltarif **Aschenbehälter** aus, um zumindest die Verschmutzung des Strandes durch Zigarettenkippen einzudämmen, die erst nach drei Jahren zu zerbröseln beginnen und dann immer noch recht unappetitlich sind.

Strandkörbe

Jeder Kurgast möchte scheints in solch einem Möbel sitzen. Deshalb sind die Körbe in der Hauptsaison schnell belegt, weswegen es sich empfiehlt, sie schon weit **im Vorfeld zu bestellen.** Die Kurverwatung rät zu mindestens vier Wochen. Dem Baltrum-Katalog ist eine Bestellkarte beigeheftet, von der man Gebrauch machen sollte, denn sie verheißt in der Zeit vom 1. Juni bis 30. September einen Rabatt von 10 Prozent auf die nachstehend angegebenen Preise, in der übrigen Zeit sind es sogar 25 Prozent. Im Internet kann man das Online-Formular „Strandkorbbestellung" unter www.baltrum.de aufblättern und erhält die gleichen Konditionen. Es wird von einer Mindestmietdauer von fünf Tagen ausgegangen. Wenn alle Stricke

„My home is my Strandkorb" – sogar mit Haustier!

reißen, wende man sich an den Schuppen am Strand. Mit Glück ist dann immer noch ein Korb zu haben.

Wer seine eigene **Strandmuschel,** auch Strandzelt genannt, installieren möchte, darf dies gerne tun. Es wird nur darum gebeten, Strandkorbinsassen nicht die Sicht aufs Meer zu verbauen, wofür man Verständnis haben muss. Dass andernfalls riesiger Ärger vorprogrammiert ist, darf man in deutschen Gefilden als sicher voraussetzen.

●**Preise** (pro Tag): ein Tag 9 €, zwei bis vier Tage 8 €, ab fünf Tage 7,50 €.

036ba Foto rh

Insel-Info A–Z

Gefahren am Strand

Es gibt an den Baltrumer Stränden nichts, was gefährlich im Sinne von „bedrohlich" wäre. Aber ein wenig aufpassen sollte man schon ...

Manch einer möchte womöglich gern mal ein **Bad außerhalb** des winzigen **bewachten Areals** vor dem Westdorf nehmen. Das ist nicht verboten, aber es geschieht halt „auf eigene Gefahr" – na, auf wessen denn wohl sonst? Dass alljährlich der eine oder andere Kurgast dieses Tun mit dem Leben bezahlt, wird nicht an die große Inselglocke gehängt, denn das sorgt nur für negative Publicity. Außerdem kann es auch überall anderswo geschehen, dass jemand aus den Puschen kippt, so zum Beispiel jährlich fast 4000 Mal bei Flugpassagieren, weltweit.

Der Tod durch Ertrinken ist keine unbekannte Größe in deutschen Gewässern. Dem Baltrumer Strand ist auf langer Distanz eine **Sandbank** vorgelagert, die trügerisch nahe erscheint. Erkennbar ist sie an den dort brechenden Wellen. Ein ideales Revier für Kiter und Surfer, aber nicht für den durchschnittlichen Badegast. Man sollte nicht versuchen, hinüberzuschwimmen, denn durch die Rinne setzen reißende **Strömungen,** die einen Schwimmer auf die offene See tragen können – und dann ist's zappenduster. Ein Gleiches gilt, mehr noch, für die Passagen zwischen Baltrum und Norderney bzw. Langeoog. Mal eben rüber? Die Gezeiten fetzen richtiggehend durch diese Löcher; ein Gegenanschwimmen ist nutzlos. Schnell sind die Reserven dann verbraucht.

Auch bei **schwerer Brandung** sollte man sich das Schwimmen verkneifen, sofern man nicht kräftige Muckis hat und damit fertig wird. Das Mischprodukt aus Wasser und Luftblasen trägt nämlich schlecht und erfordert viel Energieaufwand, um an der Oberfläche zu bleiben. Da ermüdet man dann schnell.

Falls sich nach vielem Gestrampel einmal ein **Wadenkrampf** einstellen sollte: Keine Panik! Das betroffene Bein in Rückenlage stramm ausstrecken und die große Zehe hochziehen, der Krampf verschwindet dann sofort. Man sollte jetzt das Wasser verlassen, denn der Krampf war ein Zeichen für **beginnende Unterkühlung.**

Wenn etwas auf der Haut ziept, ist vielleicht eine **Qualle** am Werk. Einige in der Nordsee vorkommende Arten bewirken dies unter Umständen, aber Schlimmes können sie allenfalls extremen Allergikern antun. (Falls mal jemand von „Killerquallen" gehört haben sollte: Die gibt es tatsächlich, aber lediglich im tropischen Westpazifik). Das beste Mittel zur Vorbeugung ist, sich vor dem Baden dick mit **Sonnenschutz** einzureiben. Zu einer direkten Berührung der Haut kann es dann gar nicht erst kommen.

Am Strand liegende Quallen sind übrigens völlig harmlos und können ohne weiteres gehandhabt werden. Sie sind auch nicht „eklig", wie man viel hört, sondern zum Leben berechtigtes Seegetier wie alles andere und zum Teil ausgesprochen hübsch. Die gestrandeten Exemplare haben ihr Leben jedoch ausgehaucht. Es macht keinen Sinn, sie wieder ins Wasser zu werfen.

„Gefahrloses Schwimmen" zu Opas Zeiten

„Dem Nichtschwimmer und auch dem unsicheren Schwimmer wird die Freude am Baden in offenen Gewässern vielfach dadurch sehr geschmälert, daß ihm nur ein sehr beschränkter Raum für seine Schwimmübungen und dergl. zur Verfügung steht, und daß er stets seine Gedanken darauf richten muß, sich nicht zu weit in das Wasser hinauszuwagen. Mehr und mehr wird heute von den pneumatischen Hilfsmitteln Gebrauch gemacht, die dank ihrer Eigenart im Nichtgebrauch sehr geringen Raum beanspruchen und leicht transportfähig sind. Neuartig auf dem Gebiet der pneumatischen Hilfsmittel ist der **Wasserschlauch „Perplex"**, der jeden Menschen in beliebiger Lage unbedingt über Wasser hält. Der Badeschlauch ist im Tragen ebenso angenehm wie bequem im Gebrauch, weil er jedem Druck nachgibt und dennoch fest am Körper sitzt. Er läßt Hals und Arme frei und gestattet daher die freie Bewegung beim Baden bzw. Schwimmen. Die eingepumpte Luftmenge verteilt sich gleichmäßig um den ganzen Körper und bildet somit eine Auftriebsquelle. Es wird hierdurch erreicht, daß jeder Nichtschwimmer von selbst in die absolut richtige sportrechte Schwimmlage gedrückt wird, um alsdann jede beliebige Schwimmart üben und ausführen zu können. Der Badeschlauch wird nach einer bestimmten, leicht erlernbaren Vorschrift in unaufgepumptem Zustande um den Körper gelegt."

Von *Waldemar Völker*, Erfinder, Leipzig 1927

Telefon

Alle gängigen Handynetze funktionieren auf Baltrum. Außerdem sind mehrere Telefonzellen in beiden Ortsteilen zu finden.

Unterhaltung

Keine Disco – schluchz! Aber die Inselverwaltung lässt sich schon etwas einfallen, um ihre Gäste bei Laune zu halten und keine Langeweile aufkommen zu lassen. Die Gefahr besteht nämlich bei Regenwetter durchaus, und da kommt die Glotze im Hotel auch nicht gegenan.

Bücherei
Im Turm der **evangelisch-lutherischen Kirche.** Offen von Ostern bis zu den Herbstferien Dienstag und Freitag 16 bis 17 Uhr. Eine **Lesestube** gibt es ebenfalls in der Tourist-Info.

Dünen-singen
In der Hauptferienzeit findet man sich zu gemeinschaftlichem Singen in den Dünen zwischen der Turnhalle und der katholischen Kirche ein, und zwar jeden Mittwoch um 19 Uhr.

Jugendclub
Da ältere Semester bereits Befriedigung darin finden, ihre Walking-Stöcke in Dornröschens Schoß zu bohren, ist die Zielgruppe der amtlichen Bespaßung ein paar Jahre jünger angesiedelt. Man trifft sich (im Sommer) im Jugendclub (= Strandhalle) am letzten Strandaufgang und kann dort mit seinesgleichen die Schultern aneinander reiben. Dabei wird es schon mal laut, doch weil niemand in der Nähe wohnt, beschwert sich auch keiner. Aber Achtung: Den Club gibt es schon seit über 30 Jahren! Das bedeutet, dass manche jetzigen Eltern früher schon mal da gewesen sind und nun an den Ort ihrer damaligen Schandtaten zurückkehren. „Au weia, meine Alten!" Da hilft dann nur

volle Deckung. In der Saison stehen aber fast wöchentlich „Events" im Programm, und dann mischt sich alles fröhlich durcheinander.

Kino

Baltrums Kintopp befindet sich in der **Turnhalle** und gibt von Frühjahr bis Herbst ein- bis zweimal wöchentlich Vorstellungen, in der Regel Montag und Donnerstag. Nachmittags sind die Kleinen an der Reihe, abends ihre Erzeuger. Das Programm findet sich im Aushang.

Konzerte

Von instrumentaler Kleinkunst im Kinderspielhaus bis zu Aufführungen namhafter Tonkünstler werden im Sommer zahlreiche Konzerte aller Musikrichtungen geboten. Das bislang alljährlich Ende Juli stattfindende „Dornröschen-Rockfest", bei dem es zumindest vorübergehend mal unruhig wurde auf der Insel, ist jedoch für die Zukunft gestrichen – zu laut, zu teuer.

**Schatz-
kofferspiel**

Ein **Baltrum-Quiz,** das im Sommer alle zwei Wochen stattfindet und als Hauptpreis einen prall gefüllten Schatzkoffer hat. Der Inhalt sei hier nicht verraten, aber er soll wertmäßig unter einer Million Euro liegen. Etwas für Familien.

Shantys

„Frisia non cantat – in Friesland singt man nicht", stellten die Römer seinerzeit angesichts der brummeligen Ureinwohner an der Küste fest. Das hat sich aber geändert! Der sangesfreudige Shantychor **Balt'mer Korben** (Baltrumer Möwen) lässt die Nordseewellen und Seemannsbärte aufrauschen, und das immer wieder in der Saison und auch mal unter freiem Himmel.

Das Wort „Shanty" kommt übrigens vom französischen *chanter* (singen) und das wiederum vom lateinischen *cantare.*

Theater

Für die reiferen Jahrgänge finden jedes Jahr Anfang Juli die **Baltrumer Theatertage** statt, beginnend mit einem zünftigen Straßenfest und fortge-

Ost- oder Nordseewellen?

In jedem echten Shanty-Repertoire darf das **„Nordseelied"** nicht fehlen, das in seiner plattdeutschen Form auch als „Freesenleed" bekannt ist und so beginnt:

> Wor de Nordseewellen trecken an den Strand,
> wor de geelen Blömen bleuhn in't gröne Land
> wor de Möwen schrieen grell in Stormgebrus,
> dor is miene Heimat, dor bin ik to Huuuuuus.

Diese Hymne an die Heimat hat eine recht **kuriose Geschichte.** Um sie zurückzuverfolgen, müssen wir einen Umweg nach – ausgerechnet – **Japan** und in die **Schweiz** unternehmen. Die Poetin **Martha Müller-Grählert** (geb. 1876) hatte die Original-Version des Gedichts „Miene Heimat", während eines Japan-Aufenthalts an schwerem Heimweh leidend, verfasst und sich dabei auf die Ostseeküste bezogen, denn dort stammte sie her. Auf diversen Umwegen gelangte dieses Gedicht an den in der Schweiz lebenden Thüringer Komponisten **Simon Krannig,** der sich 1909 an dessen Vertonung machte. Das Lied wurde umgehend zu einem Erfolg, zog jedoch einen langen Streit über das Copyright nach sich, der mit einem fairen Anteil für die Verfasserin endete. Dieser Ausgang ersparte ihr jedoch nicht, 1939 in völliger Verarmung zu sterben.

Heute wird das Nordsee-, Ostsee- bzw. Friesenlied in vielen Ländern der Erde in den jeweiligen Sprachen gesungen, gern auch gegrölt, und auf Baltrum bekommt man es ganz bestimmt ebenfalls zu hören.

037ba Foto: rh

setzt in der Turnhalle mit richtigen Klassikern. Zuständig dafür sind die **Niedersächsischen Amateurbühnen.** Aber auch die örtliche **Inselbühne** wartet mit Aufführungen auf, und zwar jeden Mi von Beginn der Oster- bis zu den Herbstferien, manchmal auch länger, jeweils abends um 20.30 Uhr in der Turnhalle. Einzelheiten mit Einschluss von Eintrittspreisen: www.inselbuehne.de.

Unterkunft

Das Beherbergungsgewerbe war auf der Insel Baltrum schon früh gut ausgeprägt. 1931 kann man über eine Pension nachlesen: „1930 neuerbaut. In nächster Nähe des Strandes. Ruhige, freie, schöne Lage. Ausblick auf See, Wattenmeer, Dünenlandschaft und Wiesen. Große, freundliche Zimmer mit fließendem Wasser. Vorzügliche Betten. Elektrisches Licht. Spülklosett auf jeder Etage. Serviert wird an Einzeltischen in der geräumigen, geschlossenen Glasveranda. Gute, reichliche Verpflegung. Aufmerksame Bedienung." Und jetzt kommt das Beste: „Preise: 6–7 RM, je nach Lage der Zimmer, Mai, Juni und September 5–5,50 RM." Welch herrliche Zeiten! (Wenn man von den Folgejahren einmal absieht).

Heute liegen die Preise etwas anders, und zwar ganzjährig pro Doppelzimmer-Einheit wie folgt:

€	bis 30 €
€€	30–50 €
€€€	50–70 €
€€€€	70–100 €
€€€€€	über 100 €

Gegenwärtigen Verhältnissen generell vorauszuschicken ist außerdem Folgendes: „Meeresblick" kann eine Klause erheblich (um mehr als „1 RM") verteuern. Aber den Blick aufs Meer hat man den ganzen Tag auch am Strand – gratis. Man ziehe das in Betracht. Farbfernseher im Zimmer. Ja,

Insel-Info A–Z

gibt's denn überhaupt noch schwarz-weiße? Die bunte Glotze gehört ohnehin schon zum Standard-Zubehör. Außerdem kann man die Ferien vielleicht auch mal ohne sie verbringen. Telefon? Kaum jemand ist doch heute ohne eigenes Handy unterwegs. Dass man für das eigene Badezimmer mehr löhnen muss als fürs Etagenklo, versteht sich von selbst. Von Interesse ist vielleicht, ob Außenbeleuchtung das Zimmer mit störendem Lichtsmog füllt. Man achte dann auf genügende Verdunklung. (Ein Zuviel an elektrischem Licht zur Schlafenszeit zieht nach Erkenntnissen der Harvard-Universität Neurosen und andere Krankheiten nach sich, darunter eine statistisch untermauerte erhöhte Krebsanfälligkeit. Dies mag manches Zivilisationsleiden erklären, das auch der Nordseewind nicht wegzupusten vermag.) Lärm andererseits, das muss hier noch einmal betont werden, ist auf Baltrum kein Thema.

Es sei daran erinnert, bei einer Zimmerbestellung die interne **Saisoneinteilung** zu erfragen, weil diese den Preis bestimmt. Die aufgelistete Reihenfolge der Unterkünfte entspricht jener im offiziellen Register und beinhaltet keine Wertung. Die Klassifizierung mit **Sternen** geschieht seitens der Hotels auf freiwilliger Basis. Unbesternte Hotels haben mithin nicht automatisch Nullwert.

Hotels

● **Dünenschlösschen**€€€€€/***, Haus Nr. 48 (Ostdorf), Tel. 04939-91230, www.duenenschloesschen.de.

In den Dimensionen eher ein Schloss als ein Schlösschen, zumal auch noch zwei Gästehäuser (Skyren und Anneliese) angeschlossen sind. Hallenschwimmbad, Sauna und Solarium, Bibliothek – es ist alles da, und man blickt in die Weite des Wattenmeers hinaus.

● **Strandhotel Wietjes**€€€€€/***, Haus Nr. 58, Tel./Fax 04939-91810 (Freecall 0800-WIETJES), www.wietjes.de.

Hochkomfortable Herberge, allerdings nur von März bis Oktober geöffnet. Angeschlossen sind zwei Fewos (**Haus Wietjes,** Nr. 154, und **Strandidyll,** Nr. 165), die das ganze Jahr über offen und unter der gleichen Telefonnummer zu erreichen sind.

●**Pension Lottmann**€€€€€, Haus Nr. 62, Tel. 04939-910 4000, Fax -9104050, www.lottmann-baltrum.de.

Das Lottmann ist etwas fehlbetitelt, denn es handelt sich um ein Hotel. Das geht auch schon aus der Preisklasse hervor, aber dafür erhält man auch einen schönen Blick auf die Watten. Offen Ostern bis Herbst. Zwei Fewos sind angeschlossen.

●**Fresena**€€€€€/***, Haus Nr. 55, Tel. 04939-231, www.fresena-baltrum.de.

Familienbetrieb mit ostfriesischer Atmosphäre. Auch hier blickt man aufs Wattenmeer hinaus, und zwar von April bis Oktober (außerhalb dieser Zeit geschlossen).

●**Seehof**€€€€€/***, Haus Nr. 86, Tel. 04939-910920, Fax -1334, www.seehof-baltrum.de.

Großes, modernes Anwesen „in bester Westdorflage". Das ist natürlich wenig relevant im kleinen Baltrum, doch die drei Sterne sind allemal verdient. Ins hoteleigene Gästebuch sollte man allerdings gar nicht erst hineinblicken, dort steht jede Menge Ordinäres. Im Winter (Ende Oktober bis 1. Mai) ist das Seehof dicht.

●**Strandburg**€€€€€/***, Haus Nr. 139, Tel. 04939-262, Fax -446, www.strandburgbaltrum.de.

Komfortzimmer und Fewos, und es sind „nur drei Gehminuten zum Strand". Offen von Ostern bis Oktober.

●**Strandhof**€€€€€/***, Haus Nr. 123, Tel. 04939-890, Fax -8913, www.strandhofbaltrum.de.

Unmittelbar am Badestrand gelegen, mit Blick auf die Nordsee. Geöffnet von März bis Oktober.

●**Naturhotel Baltrum**€€€€€, Haus Nr. 171 (Ostdorf), Tel. 04939-273980, Fax -919515, www.naturhotel-baltrum.de.

Hier ist alles bio, außer den Preisen – das Haus ist Baltrums teuerstes. Dass es sich als „fast" fernseh- und radiofrei anbietet, ist zu loben, außerdem hat man's nicht weit ins Grüne, denn das Naturschutzgebiet schließt sich gleich an. Und wenn's mal regnet, steht eine gut sortierte Bibliothek zur Verfügung.

●**Witthus**€€€€€, Haus Nr. 137, Tel. 04939-990000, Fax -990001, www.hotel-witthus.de.

Oberhalb des Jachthafens gelegen, mit Dependance „Seemöwe". Offen von den Oster- bis zu den Herbstferien und über den Jahreswechsel.

Pensionen

Es gibt eine stattliche Anzahl von Häusern dieser Art auf Baltrum – viel zu viele, um hier einzeln aufgeführt zu werden. Mitunter gehen die Klassifizierungen Pension und Fewo auch ineinander über. Manchmal kann man sich aussuchen, ob man sein eigenes Badezimmer haben möchte oder für eines auf der Etage weniger zahlt. Durchschnittlich zahlt man um 80 bzw. 60 € für ein entsprechendes DZ, einschließlich Frühstück. Günstiger: **Hus Waterkant**€€€ (Haus Nr. 116, Tel. 04939-1257) bzw. **Haus am Wäldchen**€€ (Haus Nr. 183, Tel. 04939-393) mit den jeweiligen DZ-Kategorien. Bei den Pensionen auf das kleingedruckte „p.P." aufpassen, das den Preis pro Person bestimmt.

Pensionen mit Küchenbenutzung Diese Häuser sind eigentlich am gemütlichsten, zumal man sich in ihnen selber etwas zurechtbrutzeln kann (was natürlich auch das eigene Frühstück einschließt). Sie haben zudem die günstigsten Preise. Leider gibt es nur noch zwei von ihnen auf Baltrum, beide jeweils mit Etagendusche:

● **Haus Likedeeler**€€, Haus Nr. 180, Tel./Fax 04939-215, www.likedeeler-baltrum.de, ganzjährig geöffnet.
● **Haus Störtebeker**€€, Haus Nr. 167, Tel. 04939-295, Fax -990038, www.stoertebeker-baltrum.de, offen von Mitte März bis Ende Oktober.

Ferienwohnungen

Die Ferienwohnungen machen die **große Masse der Unterkünfte** auf Baltrum aus. Wer zu mehreren anreist, kann unter Umständen einen ganz guten Schnitt machen – sofern alle bezahlen natürlich. Die meisten Einheiten liegen unter 100 € pro Tag, manche aber auch deutlichst darüber. Es gibt aber auch eine Wohnung für 48 € (**Haus Daheim,** Haus Nr. 75, Tel. 04939-1370) – da kann man nicht meckern.

Bei den Fewos ist ganz besonders auf **saisonale Einteilungen** zu achten; manche führen bis zu neun auf.

Dünenresidenz? Nein, das ist nur ein Unterschlupf in zauberhafter Lage

Gästehaus

●**Christliches Gästehaus Sonnenhütte**€€€€, Nr. 105, Tel. 04939-91120, Fax -911211, www.sonnenhuette.de.

Von der Kirche betriebene Unterkunft gehobenen Standards. So ganz christlich bepreist ist das Haus allerdings nicht. Offen vom 1. März bis Mitte November und zum Jahreswechsel.

Camping und Jugendherberge

Auf dem Gelände des **Niedersächsischen Turnerbunds** außerhalb des Ostdorfs darf man sein Zelt aufschlagen. Anderswo ist Zelten inselweit nicht erlaubt, und der **Wohnwagen** muss auch auf dem Festland stehen bleiben. Vorherige Anmeldung erforderlich: Tobiassen, Tel. 04941-991164.

Auf Baltrum gibt es **keine Jugendherberge.**

Insel-Info A–Z

Sehenswertes

Überblick

Viele Sehenswürdigkeiten im klassischen Sinn gibt es auf Baltrum nicht, aber einiges Kleinvieh macht auch Mist. Betrachtet man aber die Insel als Ganzes unter dem Aspekt des Sehenswerten, hat sie spektakulär viel aufzuweisen (⤢ dazu Kapitel „Die Inselnatur").

Aussichtsdünen

Einige etwas höhere Dünen (außerhalb des Naturschutzgebiets) werden wiederholt gepriesen, weil man von ihnen eine tolle Aussicht auf die Nordsee hat, und sie sind als solche in der Inselkarte verzeichnet. Die höchste natürliche Erhebung der Insel ist eine in deren Mitte befindliche Düne mit schwindelnden **19,30 Metern.** Die schöne Aussicht hat man aber auch ein Stück tiefer, zum Beispiel vom insofern korrekt benannten Höhenweg.

De Boers Grab

Unmittelbar östlich des **Ostdorfs** stößt man in einsamer Dünenwildnis auf einen Grabstein. Er steht dort seit den 1930er Jahren und trägt die leicht verwitterte Inschrift:

Baltrums höchstes Bauwerk: die Neue Kirche

HIER RÜST HET
S.V.L.K.D.
VAN D. H. DE BOER
GEB. 12. OKT. 1794 IN VEENDAM
OVERLEEDEN ALLHIER
DEN 12. JULI 1849

Die dahinter steckende Geschichte ist mit kleinen Varianten die Folgende: Der **holländische Kapitän** *Jan de Boer,* wie er von den Baltrumern genannt wurde, lag mit seiner dickbauchigen Tjalk „Jaltina" im Wattenmeer auf Grund und kam wegen anhaltenden Ostwinds nicht von der Stelle. Schließlich ging ihm der **Proviant** aus, und er wollte an Land neuen kaufen. Mit barscher Arroganz verlangte er Weißbrot und Genever, doch die ärmlichen Insulaner konnten ihm nur Schwarzbrot und Ziegenmilch bieten. Damit wäre Asterix bestimmt glücklich gewesen, aber nicht der Holländer. Wutschnaubend kehrte er zu seinem Schiff zurück und erklärte, „auf so einem elenden Sandhaufen wollte er nicht leben, ja nicht einmal begraben sein!"

Der Wunsch ging allerdings nicht in Erfüllung. *De Boer* **starb** wenig später, noch an Bord, und seine Mannschaft bat die Baltrumer, ihn auf dem Inselfriedhof zu bestatten. Weil er sich so herabwürdigend über die Insel ausgelassen hatte, wurde ihm jedoch ein **christliches Begräbnis verweigert,** und seine Mannen blieb nichts übrig, als ihn in den Dünen zur letzten Ruhe zu betten. Das Original-Grabkreuz aus brasilianischem Hartholz ist heute im Inselmuseum zu sehen.

Der wahre Grund für das abgelegene Begräbnis könnte nach einer anderen Interpretation gewesen sein, dass *de Boer* an der **Cholera** starb. Das erscheint allerdings nicht sehr plausibel, nachdem der Holländer noch kurz zuvor so forsch aufgetreten war und seine Crew offenbar von der Krankheit verschont blieb ...

Sehenswertes

Dorfplatz und Kurpark

Die Fläche vor dem **Rathaus** wird gern mal als Sahnestück des Westdorfs gelobt. Doch außer einer bestürzend hässlichen blechernen **Skulptur eines Wals** gibt es dort nicht viel zu sehen. Die lieben Kleinen sind da vielleicht anderer Meinung, denn sie turnen gern auf dem Ungetüm herum. Außerdem sind ein paar früheren Uferbefestigungen entnommene Felsbrocken über das Areal verteilt. Das ist Kunst.

Da ist der mittig zwischen West- und Ostdorf gelegene Kurpark **Rosengarten** schon hübscher, zumal die gepflegte Anlage Teil eines Wäldchens ist, Baltrums einzigem. Der Rosengarten wird von einer ehrenamtlich tätigen Gemeinschaft gepflegt und weiterentwickelt.

Historisches Pfahlschutzwerk

Zwischen Baltrums Hafen und Westkopf ist ein rund 300 Meter langer **Wellenbrecher** aus Holz zu sehen, das letzte Teilstück einer Küstenschutzanlage, die zwischen 1883 und -89 entstand und später von den massiveren Befestigungen des Westkopfs abgelöst wurde. Im Rahmen dortiger Sanierungen neueren Datums (2008) wurde das unter Denkmalschutz stehende Pfahlwerk renoviert. Ob es gegen zukünftige Stürme gefeit sein wird, steht in Frage. Bis dahin kann man die urige Konstruktion noch bewundern, aber vom Hocker reißt sie einen gerade nicht.

Die historische Palisade – hoffentlich hält sie

Inselglocke

Gesehen haben muss man die Inselglocke, die laut Prägung 1786 in Amsterdam gegossen wurde. Sie stammt von einem unbekannten **holländischen Schiff,** das vor langen Jahren vor Baltrum zu Bruch ging. Heute gilt die Glocke als Wahrzeichen der Insel und hat sogar Eingang ins **Gemeindewappen** gefunden. Sie hängt an einem einfachen Gerüst mitten im Westdorf, man kann gar nicht an ihr vorbeigehen, ohne sie zu sehen.

Museum Altes Zollhaus

Das Gebäude (Haus Nr. 18) trägt von seiner Bauart her die schöne Bezeichnung „Bummert" (dies war eine Art Zweifamilienhaus für Landarbeiterfamilien). Es liegt etwas abgelegen am Wattendeich, aber nichts auf Baltrum ist ja weit entfernt. Unter dem Motto „Schipp up Strand!" verheißt die Museumsbroschüre einiges zu Wrackfunden, aber allzu viel ist zu dem Thema nicht vorhanden, wenn

Sehenswertes

040ba Foto: rh

man vom Steuerrad eines alten Seglers absehen will. Und die Zigarrenkiste von *Honke Evers,* der 1866 im Wattenmeer den Tod fand, betört sicherlich auch. Interessiert sich jemand für die frühere Rolle des Hauses als Schwesternstation mit Kreißsaal? Dann ist er hier genau richtig und wird sich an den Porträts von Neugeborenen erfreuen können. Bilder von knarzigen Fischern aus der damaligen Zeit sind ebenfalls zu sehen. Bemühungen, solch kraftvolle Typen heute noch auf Baltrum – überhaupt an der ganzen Küste – in natura aufzuspüren, enden jedoch in Fehlanzeigen. Die Urgesteine sind ausgestorben. Die meisten Nordseeanrainer ähneln heute eher Sonntagsseglern; das bringt die Moderne halt mit sich.

● Das Museum ist Mo bis Sa von 10 bis 12 und von 15 bis 18 Uhr geöffnet. Der Eintritt beträgt für Erwachsene 3 €, für Jungvolk (6 bis 18 Jahre) 1,50 € und für Familien (mit Kindern bis 12 Jahren) 5,50 €. Reduzierte Gruppenpreise.

Das ist also ein Bummert – darin hat das Museum Altes Zollhaus seinen Sitz

Das tragische Ende der „Burhave"

Wenn im Inselmuseum Altes Zollhaus eher wenig zum Thema „Schipp up Strand" zu sehen ist, so liegt es an mangelnder Masse. **Wracks** gab es in der südlichen Nordsee zwar mehr als genug, aber die meisten trieben offenbar an Baltrum vorbei und landeten auf anderen Inselküsten. Spektakulär und tragisch war jedoch das Ende des **Elsflether Heringsloggers** „Burhave". Dieser knapp 100 Bruttoregistertonnen messende hölzerne Segler war Anfang Oktober des Jahres 1905 in einen schweren **Sturm** geraten und verloren gegangen.

Kurz nach dem Auslaufen aus Bremerhaven am 3. Oktober traf die „Burhave" bereits auf derart schlechtes Wetter, dass sie **umkehren** musste. Erbarmungslos wurde sie am 5. erneut ausgeschleppt und steuerte ihrem Verhängnis entgegen. Am 8. wurde ihr treibendes Wrack bei Borkum von einem britischen Dampfer gesichtet, am 14. spülte das waidwunde Fahrzeug am Nordoststrand von Baltrum an. Die Masten waren bis auf Stümpfe abgebrochen und am Vorschiff klafften derart schwere Beschädigungen, dass von einem Konstruktionsfehler ausgegangen wurde.

Bei den **Aufräumungsarbeiten,** die am 15. Oktober 1905 begannen, wurde im Mannschaftslogis die **Leiche** eines Mannes gefunden, die nicht identifiziert werden konnte. In der Kombüse stand ein Topf mit Essen (!), und im Hellegat wurde eine Taschenuhr entdeckt, die auf 11 Uhr stehen geblieben war. Makaber! Insgesamt kamen bei dem Unglück **14 Mann ums Leben,** die außer dem einen vorgefundenen Toten allesamt in der Nordsee „blieben". („He is bleeben" – dies bezeichnet an der Küste noch heute einen Seemann, der nicht wiederkehrte).

Das Wrack wurde provisorisch wieder schwimmfähig gemacht und am 30. November nach einer **Emder Werft überführt.** Ob die „Burhave" repariert und wieder in Dienst gestellt wurde, ist nicht bekannt. Da hatte Baltrum mal sein „Schipp up Strand" gehabt. Aber für das spätere Museum blieb nichts davon zurück.

Sehenswertes

Plastinierter Pottwal

Um dieses Urvieh zu betrachten, muss man leider die Insel verlassen und sich ins **Wattenmeerhaus** in **Wilhelmshaven** begeben. Dass der Kaventsmann von ursprünglich 15 Metern Länge und 39 Tonnen Lebendgewicht von Baltrum stammt, ist jedoch Fakt und unbestritten. Dort wurde der gestrandete Pottwal, denn um einen solchen handelt es sich, am 4. November 1994 auf der Norderbank entdeckt. Angeblich lebte er noch, was jedoch nicht sehr plausibel erscheint, weil er schon einen Tag später zum Himmel stank. Jedenfalls nahm man mehrere Rettungsversuche vor, an deren Ende er dann wirklich tot war. Da man auf Baltrum nichts mit dem Trumm anzufangen wusste, schleppte man den Kadaver am Folgetag per

Im Inneren des Wals: Für diesen faszinierenden
Einblick muss man sich nach Wilhelmshaven begeben

Seenotrettungskreuzer nach **Norddeich,** wo man ihn unter vielen Mühen aufs Trockene hievte. Dort warteten die Medien und eine riesige Menschenmenge bereits.

Man soll ja nichts umkommen lassen. Der Wal wurde mehr oder minder fachgerecht zerlegt und, obwohl er bereits überaus streng roch, einer **Fleischmehlfabrik** im oldenburgischen Friesoythe zugeführt. Inzwischen hatte sich auch die **Wissenschaft** eingefunden. Die Uni Groningen machte sich mit einem 62 Millimeter messenden Auge davon, die Uni Heidelberg forderte – und erhielt – das einen Kubikmeter große Herz, um es einem sogenannten **Plastinierungsprozess** zu unterziehen. Dabei wird mit einem speziellen Vakuumverfahren **Kunststoff** in die Zellmembranen gedrückt und das Gewebe dieserart haltbar gemacht. Im Lauf der nächsten drei Jahre wurden **diverse Organe** des Wals plastiniert, darunter der zwei Meter lange Penis, und nach Wilhelmshaven verbracht. Den Penis will natürlich alle Welt sehen. Am spektakulärsten ist jedoch das gewaltige **Skelett,** das im Wattenmeerhaus einen ganzen Raum füllt und viele Besucher anzieht.

● Das Wattenmeerhaus/Infozentrum der Nationalpark-Verwaltung (Südstrand 110) ist täglich von 10 bis 18 Uhr geöffnet, im Winter eine Stunde weniger.

Gar so rar sind gestrandete Wale in der Nordsee übrigens nicht. Schon zwei Jahre nach dem Ereignis auf Baltrum trieb auch auf **Norderney** einer an. Er wurde ohne viel Federlesens **am Strand vergraben.** Aus gutem Grund: Chemische Analysen der Strandungsopfer zeigten nämlich verheerende Ergebnisse. Sie strotzten nur so von schweren **Umweltgiften** wie Quecksilber, Cadmium und PCB, sogar das „gute alte" DDT war noch vertreten. Ganz zu schweigen von hohen Belastungen mit Parasiten und gefährlichen Bakterien. Die Kadaver mussten als „Sondermüll" entsorgt werden – herbes Nordseeschicksal.

Seenotkreuzer

Im Bootshafen liegt die **„Elli Hoffmann-Röser"**, schon dem Namen nach putzig und vom Aussehen auch. Der kleine Seenotrettungskreuzer gehört zur 9,5-Meter-Klasse der DGzRS-Flotte, und das Schiffchen ist nicht ohne Grund auf Baltrum stationiert. Sein Haupteinsatzgebiet sind nämlich das Wattenmeer und die beiden Rinnen zwischen den Inseln. Da kommt es auf jeden Zentimeter **weniger Tiefgang** an. Die dicken Einheiten der DGzRS sind für den Einsatz auf offener Nordsee bestimmt. Wie es dort zugeht, ist hinlänglich bekannt und durch mehrere Unglücke bewiesen, bei denen die robusten Seenotkreuzer waidwund geschlagen wurden und ihre Besatzungen ertranken.

Eine **Besichtigung** des Baltrumer Kreuzers ist vom Anleger aus möglich, nicht aber des Inneren. Dafür ist das Fahrzeug einfach zu klein. Überdies ist außerhalb der Einsätze niemand an Bord.

Die „Elli" ist für Sicherheit rund um Baltrum zuständig

Der Werdegang der DGzRS

Seit die Nordsee von Schiffen befahren wurde, und das war schon um die Zeitenwende der Fall, als Römer und Griechen hier aufkreuzten, gab es auch immer wieder Verluste. Die Nordsee ist eines der **gefährlichsten Gewässer** der Welt, und sie vergibt nichts. Um die Mitte des 19. Jahrhunderts, als der Seeverkehr auf ihr voll ausgeprägt war, gingen im jährlichen Durchschnitt **50 Schiffe verloren.** Insgesamt summieren sich die Wracks auf vielleicht 3000.

Ein Großteil der Schiffbrüche fand auf den **Inseln** statt. Den Insulanern war's nur recht, sie beteten geradezu darum, dass ihre Gestade „gesegnet" wurden. Fand ein Schiff sein Ende auf einem Inselstrand, waren die **Räuber** zur Stelle wie die Aasgeier. Ein speziell eingesetzter Strandvogt wachte darüber, dass der Landesfürst den Löwenanteil des Raubguts abbekam. Nicht nur die **Ladung** fiel dem piratischen Tun zum Opfer, auch die **Schiffe** wurden zur Gänze ausgeschlachtet, um auf den holzarmen Inseln als **Bau- und Brennmaterial** zu dienen. Für die Rettung der Seeleute rührte sich kein Finger. Wer es an Land schaffte, durfte froh sein, dort nicht noch gemeuchelt zu werden.

Es war die Havarie des **Seglers „Alliance"** im September 1860, die eine **Wende** herbeiführte. Ein Inselgast auf Borkum beobachtete voller Entsetzen, wie die neunköpfige **Besatzung ums Leben kam,** ohne dass sich landseitig jemand darum kümmerte – man hatte ja alle Hände voll mit dem Abbergen der Wrackteile zu tun. Der Augenzeuge verfasste einen empörten **Bericht für die Presse** – und jetzt geriet etwas in Bewegung. **Adolph Bermpohl,** Ex-Steuermann und Seefahrtschullehrer im bremischen Vegesack, nahm sich der Sache an und führte sie voller Engagement weiter. Obwohl zunächst noch ein Berg von Gleichgültigkeit überwunden werden musste, gelang es am **29. Mai 1865,** die Deutsche Gesellschaft zur Rettung Schiffbrüchiger (DGzRS) zu gründen. Bald waren in den meisten deutschen Küsten- und Inselhäfen Rettungsboote stationiert, betrieben zunächst mit Muskelschmalz und dann mit starken Motoren. Bis heute hat die in Bremen ansässige und allein durch freiwillige **Spenden** finanzierte Organisation (www.dgzrs.de) über **77.000 Menschen** aus Seenot gerettet oder aus lebensbedrohender Gefahr befreit. Zum Erhalt dieser einzigartigen Institution sollte man schon mal ein Scherflein in eines der überall aufgestellten Sammelschiffchen werfen. Oder wie wär's mit einem substanzielleren Obolus? Der wird auf dem Konto 1072016 der Sparkasse Bremen (BLZ 29050101) dankbar entgegengenommen und einem guten Zweck zugeführt. Er ist zur Gänze steuerlich absetzbar.

Wer weiß? – vielleicht kommt einem die Gabe einmal selbst zugute. Nicht nur die Berufsseefahrt, auch Wattwanderer, Bootsfahrer, selbst Schwimmer können in Not geraten und auf die Dienste der DGzRS angewiesen sein. Man darf darauf vertrauen, keinen behördlichen Wasserkopf zu finanzieren, sondern eine Rettungsorganisation mit Hand und Fuß und vorzeigbaren Leistungsbilanzen. Das allein vermittelt doch schon ein gutes Gefühl.

Sehenswertes

Tidenhus

Auf Deutsch heißt es „Gezeitenhaus", und es befindet sich vor dem Wattendeich gleich neben der Straße zum Kai. Früher (bis 1987) beherbergte es das Büro der Reederei Baltrum-Linie.

Seit 2004 wird das Tidenhus vom BUND (Landesverband Niedersachsen) betrieben; diverse andere Institutionen und Freundeskreise haben bei seinem Bestehen mitgewirkt bzw. tun es immer noch. Das Haus bietet einen umfassenden Querschnitt durch **Themen** wie Wattenmeer, Küste, Nordsee, Ebbe und Flut (Schwerpunkt), Flora und Fauna, Schifffahrt und Fischerei, sowie vieles andere mehr und ist damit ein idealer Anlaufpunkt besonders für Klassenfahrten, Familien und Gruppenreisende.

Der Eintritt, man höre und staune, ist frei. Man verweist jedoch vorsorglich darauf, dass **Spenden** sehr willkommen sind, nicht zuletzt weil das Umweltministerium ab 2012 den Geldhahn nur noch tröpfeln lässt und die Existenz des Hauses damit gefährdet ist. Die offizielle Broschüre des Tidenhus schließt mit dem originellen Passus: „Leider gehören wir nicht zu den Superreichen – die drei reichsten deutschen Familien verfügen über ein Vermögen von 41 Milliarden Euro, und wenn Susanne Klatten (BMW), die ‚erst' auf Platz sechs der Liste des manager-magazins (2010) erscheint, morgens auf die Bettdecke klopft, dann hat sie während ihrer achtstündigen Nachtruhe eine Rendite von gut einer halben Million Euro ‚verdient'. Wir haben und können dies bedauerlicherweise alles nicht. Aber wir haben Sie!"

●Das Tidenhus (Nationalparkhaus, Haus Nr. 177) ist von Ostern bis zum Ende der Herbstferien Dienstag bis Freitag 9.30 bis 13 Uhr und 15 bis 18 Uhr, Sa und So 15 bis 19 Uhr geöffnet. Tel. 04939-469, www.nph-baltrum.de.

Westbake

Am westlichen **Ende der Uferpromenade** steht sie, etwas erhöht auf der Kuckucksdüne. Ein etwas profanes Objekt, zugegeben, und im Zeitalter von GPS und Galileo seiner einstigen Funktion als See-zeichen weitgehend beraubt. Doch die Bake ist ein hübsches Ziel für einen Abendspaziergang auf der Promenade, und wenn man von ihrer Warte die Sonne über Norderney versinken sieht, kann einem richtig romantisch zumute werden.

04-ba Foto: rh

Sehenswertes

Baltrum gestern
und heute

Geschichte

Der Name

Der Ursprung des Namens Baltrum ist im Dunkel der Zeit verborgen. Sicher ist nur eines, nämlich dass es, wie schon an früherer Stelle vermerkt, keinen Bezug zu „bald rum" oder gar „bald Rum" gibt. Bei ersten Erwähnungen der Insel im 14. Jahrhundert tauchen die Namen „Baldraringe" und „Balteringe" auf, was im Altfriesischen auf **Weideland** hindeuten mag. Oder steckt „Baldurs Reich" dahinter? Auf **Baldur,** Sohn des Odin und der Frigga, greifen einige Fachleute in der Tat zurück, das „-um", mit der Bedeutung „Heim", wurde eventuell später hinzukorrumpiert. Es ist in Norddeutschland außergewöhnlich häufig. Auch könnte das altgermanische Wort *bald* (= tapfer) Pate gestanden haben, das verwandt ist mit dem englischen *bold*. „Heim der Tapferen"? Das leuchtet schon ein. Nüchternere Rechercheure führen allerdings nur den prosaischen Vornamen „Boldrad" an – auch möglich. Vor 200 Jahren hieß die Insel sogar schon mal „Beremeroog". Da hatten die Namensforscher leichtes Spiel, denn die Benennung kam von Berum, einem Ort auf dem ostfriesischen Festland, und „-oog" steht an der ganzen Küste für „Insel". Aber heute ist man wieder bei Null angelangt, und das Rätselraten geht weiter.

Vorhergehende Seite: Baltrums Form und Lage hat sich im Laufe der Jahrhunderte oft verändert

Anfänge

Anders als die nordfriesischen Inseln, die Überreste eines von der Nordsee zerrissenen Festlands sind, haben die sieben Ostfriesinnen ihre **Existenz** paradoxerweise **dem Meer zu verdanken.** Sie gingen aus schütteren Bänken hervor, die die Nordsee Sandkorn für Sandkorn anschwemmte und aufhäufte, bis sie allmählich einer Verfestigung anheimfielen, Dünen und Vegetationskerne bildeten und letztlich als „Land" bezeichnet werden konnten. Ihr geologisches **Alter** beläuft sich auf mindestens **2000 Jahre,** ein Klacks in der Erdgeschichte. Aber als römische und griechische Entdecker um die Zeitenwende hier in Erscheinung traten, waren sie schon da, wenn auch in ganz anderer Form als heute. Wahrscheinlich bildeten sie einen langen Sandwall mit zahlreichen Durchlässen, den Launen der See und des Wetters unterworfen und in ständiger Veränderung begriffen. Nachvollziehen lassen sich diese Vorgänge nicht, weil nur Sand und Matsch ständig umgewühlt wurden und man auf nichts Festes mit dem Finger zeigen kann. Außerdem ist im ganzen ersten nachchristlichen Jahrtausend, während die kontinentale Geschichte schon viele Kapriolen schlug, nichts von den Inseln zu hören. Doch Menschen lebten schon längst an den Nordseeküsten, und auch die Inseln wurden letztlich in ihren Lebensraum einbezogen.

Erste Besiedlung

Von 1350 bis 1464 regierte der **Häuptlingsclan tom Brok** in Ostfriesland und hatte mithin auch auf Baltrum das Sagen. In diese Ära fällt die **erste Dokumentierung** der Insel im Jahre **1398,** als der Archipel dem Grafen *Albrecht von Bayern* übereignet und anschließend *Witzel tom Brok* als Lehen zurückgegeben wurde. Auf einmal waren die Nordsee-Insulaner Bajuwaren. Ob sie ihrem Ostfriesen-Witzel wohl dankbar für seine Hypothek waren? Wahrscheinlich ging das Leben weiter wie zuvor, hart und karg und mit mehr Kabeljau als Haxn und Weißwürschteln auf dem Tisch. (Motto: „Bevor ich solchen Jabbel kau, ess ich doch lieber Kabeljau!")

Spätestens zu diesem Zeitpunkt war Baltrum also bereits besiedelt. Spärlich, versteht sich, aber immerhin war die Insel damals wesentlich **größer** als heute, ungefähr von den Dimensionen des gegenwärtigen Juist. Sie lag auch ein ganzes Stück **westlicher** und war somit dem heutigen **Norderney** zum Teil **überlagert,** das seinerzeit als solches noch gar nicht existierte. Noch 1650 ragte Baltrum weit nach Norderney hinein, **wanderte** aber unablässig **ostwärts** und verlor dabei bis 1926 4,5 Kilometer an Längensubstanz. (1960 kam man rückblickend sogar auf einen Gesamtverlust von fünf Kilometern). **Sturmfluten** wie die „Große Manntränke" von 1362, die Antoniusflut von 1511, die Allerheiligenflut von 1570 und zahlreiche spätere trugen zu ständigen Veränderungen der Seekarte bei.

Trotzdem war lange Zeit von Baltrum kaum einmal etwas zu hören. Die maulfaulen Insulaner beschäftigten sich vorwiegend mit der Fischerei, suchten ihre Strände nach Treibgut ab und bemühten sich schon vor zweihundert Jahren, ihre Dünen am Davonfliegen und ihre Küste am Hinwegdriften zu hindern.

Vergebliche Liebesmüh. Die Insel **wurde** trotz aller Anstrengungen **immer kleiner,** denn der massive Abbau im Westen wurde nur durch geringen Anbau im Osten ausgeglichen, wo die Accumer Ee das Frachtgut auf die offene See hinausspülte. Die schlimme Weihnachtsflut von 1717 (↗ unten) ging zwar relativ glimpflich ab, denn sie findet keine besondere Erwähnung in der Inselchronik. Dafür gab es **1825** gewaltig Landunter. Am Timmermannsgatt, mitten zwischen dem damaligen West- und Ostdorf, brach die See durch

Die Lage der Ostfriesischen Inseln

Um 1250

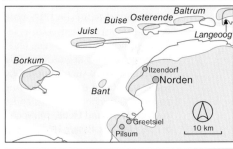

Um 1400

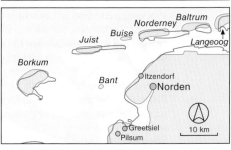

Um 1650

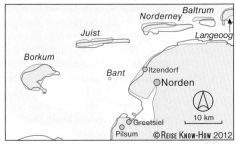

Um 1700

Baltrum gestern und heute

© REISE KNOW-HOW 2012

die Dünen. Die **Insel zerriss** darauf in mehrere Teile und war anschließend kaum viel mehr als eine bessere Sandbank. Der Inselbevölkerung standen mal wieder magere Jahre ins Haus. Über einen längeren Zeitraum musste die preußische Regierung, die zu jenem Zeitpunkt für Ostfriesland zuständig war, mit Unterstützungen die größte Not lindern.

Harte Schicksalsschläge

Die **Weihnachtsflut** von **1717,** Apokalypse für die gesamte deutsche Nordseeküste, forderte allein in Ostfriesland 2752 Todesopfer, und jahrelang war in der verwüsteten Region keine ökonomische Bewegung mehr zu verzeichnen. Obwohl Baltrum, wie erwähnt, mit einem blauen Auge davonkam, zogen im Zeichen der entstandenen Schäden auch dort **Not und Elend** ein. Noch 1730 schilderte *C.A. Heinsius,* Pastor, Lehrer und Inselvogt in einer Person, die Zustände auf Baltrum mit diesen Worten: „... und bitte gehorsamst, ja inständig, sich meiner zu erbarmen, daß ich von diesem wüsten, jämmerlichen und gefährlichen Ort erlöset werde, ich kann unmöglich länger hier leben noch wohnen oder Gott muß Überschwengliches an mir thun. Die Menschen sind allhier wie grimmige Bären und wie die Wölfe vor Hunger und Kummer, weil sie ihr Brodt nicht mehr erwerben können, kein Vieh kann gehalten werden, die Häuser fallen ein." Ob eine Ablösung des Beschwerdeführers aus seinem Jammertal stattfand, ist nicht überliefert. Um 1800 erhielt der „gefährliche Ort" jedenfalls den Gnadenstoß. Er verschwand dieses Mal aber nicht unter Sturmfluten, sondern unter **Wanderdünen** und musste verlassen werden.

Danach entstand etwa 800 Meter westlich der heutigen Insel im Bereich der jetzigen Othelloplate (mit den Seehunden) zwischen Baltrum und Norderney ein **neues Dorf.** Doch auch dieses war nicht von Dauer. Die katastrophale **Flut von 1825**

zerstörte es fast vollständig. Es wurde aufgegeben und weiter östlich wiederum ein neues gebaut, samt Kirche. Für Baltrum begann eine neue Phase.

Baltrum wird Seebad

Die Baltrumer rappelten sich, ihrem Naturell gemäß, nach diesen Prüfungen schnell wieder auf. Ihre Insel, obwohl gewaltig geschrumpft, war noch da, zu fischen gab es auch immer noch etwas, und das Graben nach Muschelschill (große Deponien von Muschelschalen) für festländische Kalkbrennereien, eine weitere wichtige Einkommensquelle, wurde ebenfalls fortgeführt. Wer das nicht konnte oder wollte, fuhr zur See. Die **Insulaner** waren als **ausgezeichnete Seeleute** gefragt und als solche überall in der Welt zu finden, andere verdingten sich beim **Walfang** und kamen dort mehr schlecht als recht über die Runden.

Baltrums Walfänger sind unvergessen

Außerdem hatte man schon längere Zeit mit einiger Missgunst zum benachbarten **Norderney** hinübergeäugt, wo bereits 1794 ein reges **Badeleben** in Gang geraten war und der Rubel rollte (buchstäblich; der russische Hof fand sich dort wiederholt ein. Nach Baltrum wäre er aber ganz bestimmt nie gekommen). Vorerst gab es noch die napoleonische Besatzungszeit und Kontinentalsperre (1806–14) abzuwettern, die einen insularen Romanhelden namens *Tjark Ulrichs* (↗ Exkurs „Baltrums Franzosenzeit" und Literaturtipps im Anhang) hervorbrachte, doch **1876** war es so weit: Auch Baltrum wurde **Seebad.** In höchst bescheidenem, mit Norderney keineswegs vergleichbarem Rahmen, und mehr als eine Handvoll Badegäste ließen sich in diesem Frühstadium nicht blicken, um, artig nach Geschlecht getrennt, einen Fuß in das salzige Nass zu tauchen. Von „Betrieb" kann auch zu einem späteren Datum keine Rede sein, wenn sich anno 1900 auch bereits 200 Inselgäste eingefunden hatten. Diese Verhältnisse trugen der Insel seit den 1920er Jahren den Titel **„Dornröschen der Nordsee"** ein. Dabei blieb es bis in die Neuzeit. Baltrum hat nie versucht, sich mit Hauruck davon zu befreien, und das hat zu seiner Beliebtheit durchaus beigetragen. Es gibt Leute, die schon seit Dekaden jährlich auf „ihre" Insel reisen, die sie zärtlich „Balle" oder „Balli" nennen. Das setzt einiges an Zuneigung voraus.

Einfaches Leben

Jetzt machte man sich auch ernsthaft daran, die Insel gegen die Nordsee zu verankern. Beginnend 1872/73 wurden in großem Umfang im besonders exponierten Nordwesten massive **Uferbefestigungen** angelegt, und seither haben sich die Konturen Baltrums nur geringfügig verändert. Eine Garantie für die Zukunft gibt es jedoch nicht.

Noch zur Wende ins 20. Jahrhundert lebte man auf Baltrum weitgehend in **Subsistenzkultur,** das

Baltrums „Franzosenzeit"

Eigentlich ist diese Episode in der Baltrumer Geschichte etwas fehlbenannt. Sie war zwar die Folge von **Napoleons Sieg über die preußische Armee** (am 14.10.1806 bei Jena und Auerstedt) und der Besetzung des zu Preußen gehörenden Ostfrieslands durch seine Truppen, schon wenig danach. Doch es waren überwiegend **niederländische Soldaten** und keine Franzosen, die dort einzogen. Die Einheimischen waren verpflichtet, den **Gästen freie Kost** und **Unterkunft** zu gewähren, was ihnen, für Freigebigkeit nicht gerade berühmt, bestimmt sauer aufstieß. Das kleine Baltrum blieb nicht verschont. Offenbar bereits 1806 musste der Inselvogt ein Kontingent Niederländer vom Festland abholen und über mehrere insulare Haushalte verteilen.

Da Frankreich zu diesem Zeitpunkt eine **Kontinentalsperre** verhängt hatte, die alle Einfuhren verbot, begann ein eifriges **Schmuggeln** mit dem britischen **Helgoland,** an dem sämtliche Insulaner beteiligt waren und das sich als recht einträglich erwies. Die Profite wurden unter allen Baltrumern gleichmäßig verteilt; ehrlich ging es auf der Insel schon immer zu.

Im Juli 1810 wurde das **Königreich Holland aufgelöst** und kam samt Ostfriesland zu **Frankreich.** Jetzt wehte die Trikolore über dem Archipel, und die Kontinentalsperre wurde verschärft. Auf allen ostfriesischen Inseln entstanden **Befestigungsanlagen,** um den Status quo aufrecht zu erhalten, so auf Baltrum eine Schanze mit vier Kanonen, eine Kaserne und ein Schießpulverlager, alles in allem etwa 400 Quadratmeter messend und damit für das Inselchen unverhältnismäßig groß. Offenbar wurde nie ein Schuss von Baltrum abgefeuert, und die Batterie ging bei der Sturmflut von 1825 größtenteils den Bach hinunter. Jahrelang waren noch Reste zu sehen, heute jedoch nichts mehr. 1813 zogen die Besatzer ab. Nicht ohne vorher die Sprengung des Pulvermagazins in Gang zu bringen.

Dem legendären **Tjark Ulrichs,** damals eine Art Vizebürgermeister, gelang es, die **Sprengung zu vereiteln,** indem er die schon glimmende Zündschnur in letzter Sekunde abriss und dadurch acht in der Nähe stehende **Häuser rettete** – das war fast ganz Baltrum. Für die todesmutige Handlung erhielt er eine Ehrenurkunde des Königs von Preußen, *Friedrich Wilhelm III.,* und durfte später vollzeitlicher Bürgermeister werden.

heißt von dem, was Land und See hergaben, ergänzt durch die Zucht von ein paar Schafen und Ziegen, die Milch, Butter und Käse lieferten. Heutige Ökologen halten eine solche geosymbiotische Lebensart für die einzig wahre, weil sie der Umwelt so gut wie gar keine Belastungen auferlegt und die ihr nachgehenden Menschen physisch und psychisch generell bei bester Gesundheit erhält. Im Zuge wünschenswerter Verschlankungen eines immer komplexeren Daseins in der Neuzeit wird man sich vielleicht einmal auf solche Verhältnisse zurückbesinnen. Deshalb ging es, von einigen Härten abgesehen, zu Kaisers Zeiten auf der Insel recht beschaulich zu. „Im **Westdorfe** sind die meisten Häuser ärmlicher", schrieb ein Besucher 1902 im Vergleich zum Ostdorf. „Sie sind überdies unregelmäßiger über niedrige Dünenhügel zerstreut, zwischen denen sich die kleinen in die Senkungen eingegrabenen Tunen ausbreiten. Jedes Grundstück ist von einem Zaun aus altem Wrackholz im verschiedensten Zustande der Verwitterung umgeben, was zwar einen sehr malerischen, aber auch unbeschreiblich wüsten Eindruck macht." Tunen (niederl. *tuinen*) sind Gärten. In ihnen zog man vorwiegend Kartoffeln, deren Qualität hoch gelobt wurde. Der Hinweis auf die Zäune besagt, dass offenbar genügend Brennmaterial vorhanden war, sonst hätte man sie wohl verfeuert.

Für das **Ostdorf** hatte der gleiche Beobachter freundlichere Worte: „Im Ostdorfe wohnen die Primaten. Hier war die früher so bedeutende Rhederei zu Hause. Baltrum besaß einmal 23 Schaluppen, Schiffe, welche vorzugsweise den Verkehr auf dem Wattenmeer, von Hamburg und Bremen nach Amsterdam und Rotterdam vermittelten, aber auch die Nordsee und die Ostsee befuhren. (...) Noch immer machen die Häuser des Ostdorfes den Eindruck größerer Wohlhabenheit."

Der bekannte Naturkundler *Otto Leege* sattelte im Jahre 1921 noch eins drauf: „Geradezu roman-

047ba Foto: rt

tisch und behaglich aneinandergereiht mit freiem Blick aufs Watt, ¼ Stunde vom Westerloog entfernt, liegen malerisch die 12 niedlichen Häuser vom Osterloog am Dünenhang inmitten frischen Grüns, umgeben von kleinen Blumengärten, blaublühendem Bocksdorn und sturmgebeugtem Fliedergesträuch, ein idyllischer Platz, wie geschaffen für Maler, Dichter und Schwärmer, wo es sich beim Meeresrauschen so schön sinnen und träumen läßt von Inselzauber und längst vergangenen Zeiten." Zu denen gehörte für *Leege* auch wohl das Jahr 1912. In dem hatte er den sächsischen König *Friedrich August* auf eine Exkursion zur Insel Memmert bei Juist begleitet und war dabei Zeuge geworden, wie Majestät ein kleines Geschäft verrichteten. Anschließend posaunte er in alle Welt hinaus, er hätte „etwas gesehen, was noch keiner gesehen hat!" Der König, dem das zu Ohren kam, strafte *Leege* erbost, indem er ihn bei einer allgemeinen Ordensverteilung leer ausgehen ließ.

Eines der wenigen alten Häuser auf Baltrum

Kalte Winter

Der **Erste Weltkrieg** ging an Baltrum fast spurlos vorüber, und selbst mittendrin wurde der Fährbetrieb per Motorpostschiff „Baltrum" trotzig aufrechterhalten. Die Überfahrt kostete 1,50 Mark – da haben sich die Zeiten wahrhaftig geändert! –, und die Anlandung fand auf der Buhne M statt, eine ziemlich nasse und glitschige Angelegenheit. Nach dem verlorenen Orlog ging alles wieder seinen ruhigen Gang. 1925 dieselte die „Seelust" nach der Insel und konnte bereits 25 Personen befördern. Dass sie erst 1970 ausgemustert wurde, ist ein Beweis für eine supersolide Konstruktion. Nur im klirrend kalten **Eiswinter von 1929** musste auch diese wackere Barke passen. Das Watt war so dick zugefroren, und das sogar drei Monate lang, dass Post und Nahrungsmittel per Pferdeschlitten und Kraftfahrzeug angeliefert werden mussten. Auf diesem Wege gelangten auch mal **Autos** auf die Insel, was speziell vermerkt und flugs fotografisch für die Nachwelt festgehalten wurde. In der Zeitung war am 20. Februar 1929 zu lesen: „Auch Baltrum hat soeben seinen ersten Autobesuch gehabt. Die Gebrüder Janssen aus Esens fuhren in ihrem Personenauto in ununterbrochener Fahrt von drüben übers Watt bis mitten ins Inseldorf hinein. Gegen 11 Uhr trafen noch ein in ihrem Auto Herr Dr. Roelfs aus Dornum in Krankenbesuchsangelegenheiten sowie Herr M. Rose aus Dornum in Geschäftsangelegenheiten. – Man kommt aus dem Staunen überhaupt nicht mehr heraus." Staunen konnte man erneut in den Wintern 1946/47, 1962/63 und 1978/79, in denen kaum noch etwas lief. Ist auch in **Zukunft** damit zu rechnen, obwohl die Erde doch immer wärmer wird? Gut möglich. Denn eine wärmere Erde erzeugt auch größere Druckgebilde, die Kaltluft von wer weiß woher heranschaufeln. Als es im deutschen Winter auf 2011 sehr frisch wurde, beeilten sich die Fachleute, nie um ein Alibi verlegen, dies

„als Vervollständigung des globalen Erwärmungsbildes" herbeizuerklären. Vielleicht kann man eines Tages mal wieder motorisiert nach Baltrum brettern. Die Eigentümer schwerkalibriger Wohnwagen warten bestimmt schon gespannt darauf.

1928 nahm dann die **„Baltrum I"** den planmäßigen Fährverkehr zwischen Norddeich und der Insel auf. Dieses Schiffchen war aus noch härterem Holz geschnitzt als die „Seelust" und wurde nach fast 50 Dienstjahren erst 1977 in die Pension geschickt.

Als es im Jahre 1933 ans Wählen ging, erzielte die **NSDAP** auf Baltrum stolze **80 Prozent,** was einiges über die damalige insulare Gesinnung aussagt (die sich insofern aber kaum von den anderen Inseln unterschied). Der **Zweite Weltkrieg** machte sich lediglich mit einem Unterstand in der Kuckucksdüne (auf der heute die Westbake steht) bemerkbar, der einen Horch- und Scheinwerferposten beherbergte und tatsächlich einmal einen feindlichen Bomber (folgenlos) im Visier hatte.

Nach 1945 wurde es sofort wieder still. Aber der **Tourismus** geriet bald erneut in Gang, und es dauerte nicht lange, bis dickere Tonnagen den Seeverkehr nach der Insel übernahmen, um immer größere Besucherzahlen zu befördern.

Endloser Kampf

Am verletzlichen **Westkopf** der Insel wird auch weiterhin gebosselt, obwohl sich dort bereits eine wuchtige Brustwehr mit „Rauhdeckwerken, Schwall- und Kronenwänden" kampflustig der Nordsee entgegenreckt. Wer einmal einen prüfenden Blick auf die Distanz zwischen der **Hochwasserlinie** und den nächsten Gebäuden wirft, wird schnell erkennen, wie nötig all dieser Aufwand ist: Im Ostbereich des Westdorfs beträgt sie gerade mal 24 Meter, das ist verzweifelt wenig. Badegäste werden sich deshalb daran gewöhnen müssen, dass „Erhöhungen und Verstärkungen der Küstenschutzanlage" einige Zeit anhalten werden bzw. immer wieder von Neuem beginnen, denn die Nordsee bepfeffert diese Ecke mit **Wellenhöhen von bis zu fünf Metern** – wahre Tsunamis schon, mit dem Potenzial, alles kurz und klein zu schlagen. Es gibt kaum etwas, das die Nordsee nicht kaputt kriegt, und hier übt sie schon mal ein wenig. Da hilft auch nicht, dass die dortige Promenade als „neuer Wandelgang" gelobt wird. So schön ist er nun auch wieder nicht; dafür unternimmt man keine Inselreise. Aber Baltrums großartiger Strand macht ja alles wieder wett.

Und wer **finanziert** das alles? Die Kurtaxe kann da nicht mehr mithalten. Deshalb sind Bund, Länder und der Europäische Fonds für Regionale Entwicklung daran beteiligt.

Baltrum heute

Orientierung

Kurios und weit und breit einmalig ist der Baltrumer Brauch, auf **Straßennamen** weitgehend zu verzichten und die **Häuser** stattdessen mit **Nummern** zu versehen, die der **Reihenfolge ihrer Baujahre** entsprechen. Verwirrend ist zudem, dass scheinbar neue Gebäude eine niedrige Nummer tragen. Das Geheimnis dahinter: Das ursprüngliche Haus war abgerissen worden, und das neue hatte die Nummer beibehalten. So entsteht ein tolles Durcheinander, in das nur die Zuhilfenahme einer **Ortskarte** Erhellung gewährt. Und selbst dann ist man auf Planquadrate angewiesen, sonst sucht man sich nach den kleinen Ziffern tot. Aber nach ein, zwei Tagen vor Ort hat man das Problem im Griff und findet es eher lustig als lästig.

Im Ostdorf sieht's erfreulich bunt aus

Dörfer

Zwei Siedlungen, das **West-** und das **Ostdorf** (einschließlich eines anhängenden kleinen Ortsteils) mit insgesamt etwa **500 Einwohnern,** nehmen mitsamt dem Hafen ungefähr das westliche Drittel der Insel ein. Beide zusammen lassen sich in einer guten halben Stunde zu Fuß durchmessen. Zu erschauen gibt es in den Orten ohnehin nicht viel; im vorigen Kapitel waren ja gerade mal einige wenige Sehenswürdigkeiten aufgezählt. Wer kuschelige Fischerhäuschen vorzufinden hofft, wird enttäuscht. Nur ein paar wenige Baulichkeiten aus älterer Zeit sind noch zu sehen; das Allermeiste fiel den früheren Sturmfluten und dann dem Abrisswahn der Nachkriegszeit zum Opfer. Deswegen wirkt die **Architektur** recht **kalt** und seelenlos; man sieht, dass man sich bemüht hat, jeden Kubikmeter Raum zu nutzen. Immerhin gibt es aber keine hässlichen Hochbauten und Betonklötze. Was an größeren Einheiten existiert, namentlich Hotels, hat Spitzgiebel verpasst bekommen und fügt sich damit gut ins Ortsbild ein. Be-

048ba Foto: rh

Baltrum gestern und heute

trüblich ist allerdings ein **Mangel an Bäumen,** vor allem im Westdorf. Das Ostdorf ist erheblich grüner. Beide Dörfer sehen heute jedoch weitaus ansprechender aus als auf Abbildungen aus dem frühen 20. Jahrhundert, auf denen sie ungemein kahl und freudlos wirken, was aber wohl zum Teil an der schwarz-weißen Darstellung liegt.

Prinzipiell hat sich wenig geändert seit 1923, als ein Prospekt die Gegebenheiten mit diesen Worten beschrieb: „Baltrum ist kein Luxusbad, will's auch nicht werden. Über den Komfort moderner Badeörter verfügt es nicht. Kostspielige Vergnügungen gibt es nicht. Wer aber stille Zurückgezogenheit, ein beschauliches Feriendasein, Ausspannung nach hetzender Berufsarbeit sucht, wenn's um wirkliche Erholung zu tun ist, der findet auf diesem kleinen, bescheidenen, weltentlegenen Eiland alles das, was er haben möchte." Dem ist aus heutiger Sicht nichts hinzuzufügen.

Manchmal guckt ein Stein zurück ...

049ba Foto: rh

Die Insel im Winter

Nach dem brummenden Badebetrieb des Sommers fällt die Insel rasch wieder in ihren **Dornröschenschlaf** zurück. Viele Herbergen und Läden machen von November bis März dicht oder schränken ihre Geschäftszeiten deutlich ein, und ihre Betreiber verholen sich dann in angenehm warme, kurtaxfreie Gefilde. Das heißt aber nicht, dass im Winter alles Leben auf Baltrum zum Erliegen kommt. Die **Märkte** und verschiedene **Restaurants** sind weiterhin geöffnet, niemand muss also darben. Im Gegenteil: Wer absolute Inselruhe und -einsamkeit sucht, ist im Winter auf Baltrum bestens aufgehoben und wird als ganz spezieller Gast auch speziell verwöhnt. Und einmal Sturmgebraus und Brandungsdonnern (von völlig sicherer Warte aus) mitzuerleben, hat auch etwas für sich, einen Hauch von Abenteuer sogar.

Auch im Winter hat Baltrum seine Reize

045ba Foto: ah

Baltrums Natur

Die Pflanzenwelt

Zum Thema „Wattenmeer" als Teil des Nationalparks ist vorstehend bereits Diverses gesagt worden, und einiges wird noch folgen. Es ist ja schließlich schon nach Namen und Bedeutung Baltrums
wichtigster Aktivposten. Doch darüber soll der
landseitige Teil des Parks nicht vernachlässigt werden. Denn dort gibt es richtig was zum Anfassen.

Nach der relativen Kahlheit des insularen West-
teils ist die **üppige Vegetation** der restlichen zwei
Inseldrittel eine höchst angenehme Abwechslung.
Die Baltrumer **Flora** konnte sich **vielfältig** heraus-
bilden, weil schon früh die Dünenbeweidung
durch Haustiere abgeschafft und ein Mähverbot
für Strandhafer als Viehfutter durchgesetzt wurde.
Bereits im 18. Jahrhundert mussten die Insulaner
auf oberhoheitliches Geheiß sogenannte Helm-
pflanzen in die Dünen setzen, um selbige an der
Ausdehnung zu hindern. Nur die Ausrottung der
Kaninchen, die der Pflanzendecke großen Schaden antaten – und weiterhin tun –, gelang nicht.
Sie sind (⟲„Insel-Info A–Z/Sport und Spiel/Ja-
gen") auch heute noch eine Plage auf Baltrum und
den anderen ostfriesischen Inseln. Nur auf Spiekeroog konnte man sie zur Gänze exterminieren.

Salzwiesen

Der größte Teil des Baltrumer Naturschutzgebiets
wird von Salzwiesen eingenommen. So (oder
auch „Heller") nennen sich extrem **niedrig gelegene Vegetationsareale** auf der **Wattseite** der Inseln. Im niedersächsischen Wattenmeer (mit Einschluss des hamburgischen) nehmen die Salzwiesen eine Fläche von 8150 Hektar ein; sie dienen

---

Vorhergehende Seite: Baltrums Natur
ist seine eigentliche Sehenswürdigkeit

der **Vogelwelt** als Nahrungsquellen und Nistplätze. **Voraussetzung** für die Entstehung dieses Biotops ist die ständige Zuführung von **Sedimenten,** die sich ablagern und das Substrat für zahlreiche mehr oder minder **salzresistente Pflanzen** bilden. Da dies auf der Strand- und Brandungsseite nicht der Fall sein kann, gibt es dort auch keine Salzwiesen. Sie dehnen sich ausschließlich auf der Wattseite aus, wo die See zumeist ruhig ist und durch die Gezeiten für ständigen Nachschub von Schwemmstoffen gesorgt wird. Von den **Tiden** sind die Salzwiesen mithin nicht unberührt, zumal sie fast auf Nullniveau liegen; der Zu- und Ablauf des Wassers erfolgt über Priele. Zu kritischen Überflutungen kommt es dennoch selten, weil die vorgelagerten Dünen Schutzwälle bilden. Der Baltrumer Typ dieser Zone fällt deswegen unter den Terminus **„Leeseiten-Salzwiese",** die im Windschatten der Insel entsteht, wo die Kraft der

Baltrums Natur

Die Salzwiesen wimmeln von Leben

Sturmfluten sich nur noch wenig bemerkbar macht. Im **Winter,** wenn die Orkane toben, kann es jedoch geschehen, dass die Salzwiesen zur Gänze im hoch angestiegenen, aufgewühlten Meer versinken. An den dort wachsenden Pflanzen zerren dann gewaltige Kräfte, gegen die sie sich nur mit sehr soliden Stängel- und Wurzelstrukturen wehren können. Im nächsten Frühjahr sind sie wieder da, „wie aus dem Ei gepellt".

Manchmal können auch im **Sommer** Querläufer unter den Springtiden zu außerplanmäßig **hohen Wasserständen** führen. Dann wird es eng für die Flattermänner, die dort ihren Geschäften nachgehen. Ein solches Ereignis gab es im Mai 2011, und mancher Nesthocker wird da dumm geguckt haben, als seine Eier nass wurden. Aber das ist der Gang der Dinge auf den Inseln. Weder Mensch noch Tier kann damit rechnen, dass alles stets schön „normal" verläuft.

Auf den ersten Blick erscheinen die Salzwiesen gleichförmig grün. Aber das ist lediglich unmittelbar nach der Winterpause der Fall. Nur wenig später wird es rasch bunter, beginnend mit der zart rosafarbenen **Strandgrasnelke** und schließlich dem einsamen Höhepunkt eines lila Blütenmeers des **Strandflieders** im Herbst. (Interessant an dieser Pflanze ist, dass sie an den Unterseiten ihrer Blätter spezielle Drüsen besitzt, durch die aufgenommenes Salz wieder ausgeschieden wird – fast schon faunatisch!). Diese Arten, zu denen sich diverse andere gesellen, sind sehr **ungleichmäßig verteilt,** denn zwischen den Vegetationsinseln liegen immer wieder **Sümpfe, Rinnen** und **Teiche.** Wer hier absichtlich – und verbotenerweise – von einem der zugelassenen Pfade abweicht, vielleicht „um ein Foto zu machen", wird bald **im Matsch versinken,** der hier weicher und tiefer ist als im Watt selbst, und hat womöglich ein ernstes Problem. Für jeden Wanderer im Salzwiesenbereich sollte es daher selbstverständlich sein, sich eng an das Pfadsystem zu halten.

Das gilt natürlich nicht für die Wissenschaft, die alles genau wissen will. Sie hat die Salzwiesen nicht in Ruhe gelassen, sondern sie „zoniert". Danach gibt es an der Nordseeküste **drei Typen:**

● Die **Quellerzone** *(Salicornietum)* im Extrembereich von etwa 40 Zentimeter unterhalb bis mittig der Flutlinie. Sie liegt bei Flut mehrere Stunden unter Wasser. Hier wachsen isoliert nur zwei Blütenpflanzen, das **Salz-Schlickgras** und der **Queller.**
● Anschließend folgt die **Andelgraszone** (Puccinellietum maritimae), die nur noch von Springtiden oder anderen leicht erhöhten Wasserständen erreicht wird. Sie liegt etwa 40 Zentimeter oberhalb der mittleren Hochwasserlinie. Das **Andelgras** *(Puccinellia maritima)* charakterisiert diese Zone, in der außerdem salztolerante Arten wie **Strandsode, Stranddreizack** und **Strandaster** wachsen – obwohl gar kein Strand vorhanden ist.
● Vielfältiger wird es in der **Rotschwingelzone** *(Festucetum rubreae),* die nur noch selten vom Salzwasser erreicht wird. Hier nimmt die Zahl der Pflanzenarten kontinuierlich zu. Charakterisiert wird diese Zone durch den **Salzwiesen-Rotschwengel** und diverse **Binsengrasarten.**

Dünenvegetation

So faszinierend sich die in der warmen Jahreszeit prächtig geschmückten Salzwiesen dem Betrachter auch darbieten – die unmittelbaren Innenseiten der Dünen setzen da noch eine Dimension drauf. **Seeseitig** hat die Dünenkette außer einigem Bewuchs von Strandhafer, -roggen und -disteln wenig an Flora zu bieten. Es ist weniger der unfruchtbare Untergrund, der die Pflanzendecke hier dünn hält, sondern vor allem das ständige **Sandtreiben,** das wie ein scharfes Gebläse auf die Vegetation einwirkt und nur die robustesten Arten überleben lässt. Aber innen sieht es ganz anders aus! Glücklicherweise ist der **Pflanzenbestand** hier weitgehend **sich selbst überlassen** worden, wie es sich halt für ein Naturschutzgebiet gehört. Obwohl der bereits weiter oben unter „Sport und Spiel/Wandern" beschriebene **Gezeitenpfad** erst 2007 „eingerichtet" wurde und das Schlüsselwort

Baltrums Natur

stark auf menschliche Eingriffe hindeutet, bietet
sich auf einem Großteil dieser rund sieben Kilometer jede Menge das Auge erfreuende heile Natur. Urwüchsig sind immer wieder die vom steten
Westwind stark nach Osten geneigten, mitunter
fast am Boden liegenden, mehr oder minder ver-
krüppelten **Bäume.** Manche sind schon längst aus
dem Leben geschieden und zeigen ihre bleichen
Skelette, die zum Reiz des Gesamtbildes beitragen. Dicker **Flechtenbewuchs** und schwellende
Moospolster zeugen von einem ganzjährig feuchten Klima auf der Insel; wir befinden uns halt an
der Nordsee. Zwischendurch leuchten stets erneut die üppigen Blütenstände **wilder Blumen**
auf, darunter Schönheiten wie das Hundsveilchen,

Der ewige Westwind zwingt alles in die Knie

der Hasenklee, die Glockenheide und das Dünenstiefmütterchen – Vorsicht: Abpflücken verboten! Der nächste Naturfreund soll sich auch noch an ihnen erfreuen. Weite Areale sind zudem von der **Kartoffelrose** bestanden, deren hübsche, stark duftende rosa Blüten im Frühsommer das ganze Panorama bestimmen und deren saftig-rote Hagebutten im Herbst das Regime übernehmen. (Sie sind essbar, wenn auch nicht von berauschendem Wohlgeschmack. Oldtimer mögen sich erinnern, dass man sich die haarigen Kerne früher gern als „Juckpulver" in den Nacken schob). Und wenn wir schon mal am Naschen sind: Die Beeren des **Sanddorns** sollte man auch einmal probiert haben (⌁ Exkurs „Der vielseitige Sanddorn").

Baltrums Natur

Der vielseitige Sanddorn

Sie stehen überall im Dünenbereich der Insel: Niedrige Büsche mit graugrünen Blättern und, ab Spätsommer, leuchtend **orangefarbenen Beeren,** zumeist zu dicken Trauben geballt. Falls Junior mal davon naschen sollte, sind entsetztes Kreischen und der Ruf nach Ambulanz und Magenpumpe überflüssig: Die Beeren zählen zum **Gesündesten,** was man sich mit Naturnahrung antun kann. Sie gelten als „Zitronen des Nordens", wobei sie zehnmal soviel **Vitamin C** wie Zitrusfrüchte aufweisen, aber ebenso sauer sind wie diese (weshalb Junior schnell von ihnen ablassen wird). Aber nicht nur das. Sanddorn enthält außerdem die **Vitamine B12 und E** sowie fette **Öle** in Samen und Fruchtfleisch, die für gute Absorption der Vitamine sorgen, Entzündungen der Schleimhäute im Verdauungstrakt vorbeugen und überhaupt dem **Immunsystem** einen Kick geben. Im Handel findet man Sanddorn als Konfitüre, Saft oder Heißgetränk, er wird Sorbets, Eiscremes und Bonbons beigemischt und ist dann gar nicht mehr sauer, sondern von exzellentem Geschmack.

Eine original friesische Labe ist Sanddorn aber keineswegs. Seine **Herkunft** liegt im zentralasiatischen Altaigebirge, in der mongolischen Steppe und in der tibetischen Hochebene. Im Zweiten Weltkrieg sammelten eifrige Pimpfe auf den Inseln die Beeren, um zur Produktion von Vitaminpillen („Cebion") für die unterversorgten Frontkämpfer beizutragen. Für den Endsieg reichte es aber nicht.

Übrigens: Niemand hat etwas dagegen, wenn man sich von diesem Gesundbrunnen mal bedient. Das darf nur nicht in einem Naturschutzgebiet stattfinden – aber selbst im Westdorf bildet Sanddorn ganze Hecken.

054ba Foto: rh

Die Meeresflora

Selbst im Watt ist Grünes vertreten. **Algen** und **Tange,** archaische Gewächse aus der Urzeit irdischer Lebensentfaltung, bilden ganze Teppiche, lässig an der Wasseroberfläche wallend oder braungetrocknet am Strand unter dem Fuß knirschend. **Blasentang,** von kleinen Luftballons getragen, treibt besonders häufig in Fragmenten an, und Kinder vergnügen sich dann damit, die Blasen mit einem „Popp!" zerplatzen zu lassen. Manche kauen auch darauf herum – Bubblegum, Mami! Keine Sorge. Die Praxis ist ungefährlich. Algen und Tange sind in großem Umfang essbar, haben zum Teil sogar Heilwirkung.

Verhalten im Nationalpark

Aus praktischen Erwägungen hat man den Nationalpark Niedersächsisches Wattenmeer in **drei Zonen** eingeteilt:

●Die **Ruhezone.** In dieser Zone I gelten die **strengsten Schutzbestimmungen,** weil sich hier die empfindlichsten Landschaften und Biotope befinden. Betreten und Befahren dieser Zone ist generell nicht erlaubt, es sei denn auf ausgewiesenen Pfaden oder unter Führung von Parkpersonal. Versteht sich, dass man auch der Tierwelt fernbleibt. Niemand ist legitimiert, in eine Vogel- oder Seehundfamilie einzubrechen, um „nur" ein Foto zu machen. Wer dabei ertappt wird, muss mit strenger Ahndung rechnen.
●Die **Zwischen-** oder **Pufferzone.** Hier sind alle Handlungen untersagt, die den Charakter des Wattenmeers oder der Insel verändern oder die natürlichen Verhältnisse beeinträchtigen. Sonderbestimmungen gelten für Brut- und Aufzuchtzeit der Vögel vom 1. April bis 31. Juli.
●In der **Erholungszone,** generell die kleinste und zumeist Stadt-, Strand- oder Kulturgebiet, gelten lediglich lokale Beschränkungen.

●Mehr Auskünfte zum Thema erhält man vom **Nationalparkzentrum** und **Wattenmeerhaus Wilhelmshaven,** Tel. 04421-910733, www.wattenmeerhaus.de.

Baltrums Natur

Biotop Watt

„Ich höre des gärenden Schlammes / geheimnisvollen Ton ..." So dichtete der große Nordseebarde *Theodor Storm* (1817–1888) beim Betrachten des Wattenmeers. Doch er irrte, der Gute. Da „gärt" nämlich überhaupt nichts. Die Geräuschkulisse wird von vielen Tausenden von Schlickkrebschen erzeugt, die Luftblasen zwischen ihren Scheren zerplatzen lassen. Das scheint ihnen Spaß zu bereiten, den kleinen Schlingeln. Und dem Beobachter bzw. Zuhörer des Watts signalisiert das Geknipse: Da lebt etwas.

Bubblegum der See: Blasentang

Dicht an dicht: Miesmuschelbank

Üppiges Leben

Wer genauer hinschaut und -hört, wird bald bemerken, dass das auf den ersten Blick so tot erscheinende Wattenmeer von Leben wimmelt. Es ist in der Tat **eines der belebtesten Biotope der Natur,** vergleichbar – in kleinstem Maßstab – mit dem tropischen Urwald.

Die wurstigen **Häufchen,** auf die man überall stößt, müssen auch ein Zeichen von Lebewesen sein, kalkuliert man sofort. Es sind dies die Auswürfe des **Watt- oder Pierwurms,** der mit bis zu 50 Exemplaren pro Quadratmeter den Wattenboden mit Gängen durchzieht, für Fisch und Vogel gleichermaßen als leckere Beute gilt und auch vom Menschen als Angelköder nicht verschmäht wird. Kleinere Löcher und Trichter sind das Werk von **Borsten- und Seeringelwürmern,** den bewussten **Schlickkrebschen,** sowie von **Herz-, Platt-, Pfeffer-, Schwert- und Sandklaffmuscheln.** Eine ruckartige Bewegung im Sand, begleitet von einem Wasserspritzer, verrät eine aufgeschreckte, jäh ihren Saugrüssel zurückziehende

Baltrums Natur

Muschel – und dem Austernfischer und Großen Brachvogel, dass es hier, nur dünn verborgen, etwas Nahrhaftes gibt, das alsdann zielgenau herausgebohrt und verspeist wird. Bei der **Sandklaffmuschel** müssen allerdings auch sie passen. Bis zu 250 Gramm schwer sitzt sie nämlich fußtief im Boden. Nur der Mensch erreicht sie dort noch.

Miesmuscheln

An der Oberfläche, vor allem dort, wo Steine und Pfahlwerk ein Festhalten erlauben, haben sich in arroganter Offenheit, bis zu 12.000 von ihnen auf dem Quadratmeter, Miesmuscheln angesiedelt. (Das ist doch wohl nicht möglich, wandte jemand einmal ein. Doch, doch, es ist. Auch Miesmuscheln fangen einmal klein an. Sobald sie wachsen, klettern sie übereinander her und bilden mitunter riesige Kolonien). Sie sind die Zielobjekte der **Muschelfischerei,** die am lautesten gegen den Schutzstatus des Watts protestiert. Aber Miesmuscheln sind auf den Fischmärkten des Nordens auch weiterhin zu haben; es gibt also weiterhin ein paar Schlupflöcher. Sie sind übrigens gar nicht mies, sondern schmecken ausgezeichnet, und wer da behauptet (schon vorgekommen), nach dem Verzehr von mehr als einem Dutzend von ihnen fiele man tot um, der lügt.

Miesmuscheln sind Wirte für die **Seepocke,** kleine weiße Kegel, die sich auf den Schalen ansiedeln und dort bombenfest sitzen bleiben. Kurioserweise ist die „Pocke" keine Muschel, sondern ein **Krebstier,** das, geschützt von einem glasharten Chitinpanzer und angepappt von einem ausgesprochenen Megaklebstoff, recht feindlos vor sich hinlebt. Nur der Mensch mag die Seepocke nicht, denn sie klebt sich gerne an Schiffsböden und nimmt so die Fahrt aus dem Dampfer ...

Krebse und Seesterne

„Typische" Krebstiere gibt es in vielerlei Form im Watt. Es sind harmlose Gesellen; dass sie einem eine Zehe abkneifen oder überhaupt schmerzhaft zwicken können, ist Unsinn. Einer der witzigsten Vertreter der Gattung ist der **Einsiedlerkrebs,** der seinen weichhäutigen, verletzlichen Hinterleib in ein leeres Schneckenhaus rollt und damit durch die Gegend spaziert. Berührt man das Gebilde, zieht er sich zur Gänze darin zurück und macht den Eingang mit seinen Scheren dicht. Man sollte Kindern unbedingt den Versuch verbieten, ihn ans Freie zu zerren. Er reißt dann nämlich in der Mitte durch und stirbt.

Baltrums Natur

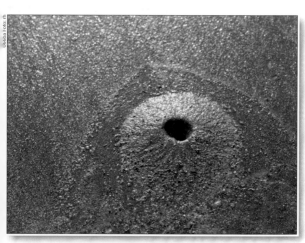

Ökoba Foto: rh

Ein Ähnliches gilt für den **Seestern,** fast schon eine Symbolfigur des Meeres und zumeist von blauer Farbe. Er ist im flachen Wasser relativ selten, doch im Watt findet man ihn ab und zu. Er lutscht dort nämlich Miesmuscheln aus, denn er ist ein böser Räuber. Trotzdem sollte man ihn nicht „zum Trocknen" mitnehmen, um die Sandburg damit zu dekorieren, denn auch er hat seine Lebensberechtigung. Wenn sich an seiner Unterseite viele kleine „Füßchen" bewegen, lebt er noch und gehört wieder ins Wasser. Mumifizierte Exemplare kann man aber getrost in die Tasche stecken und auf die Burg pappen.

Gerne spaziert junges Volk mit einem **Kescher** bewaffnet in die Wasserwildnis, in der Hoffnung, mit satten Fängen Papa und Mama zu imponieren. Leider ist das Ergebnis immer null, denn die Fischwelt bleibt in Oberflächennähe unsichtbar, und wo sich viel Menschheit tummelt, versteckt sie sich erst recht. Aber vielleicht zappelt ja mal eine der an den Prielrändern häufigen Garnelen in den Maschen. Das gibt dann ein Festessen!

Die Möwen sehen alle aus,
als ob sie Emma hießen.
Sie tragen einen weißen Flaus
Und sind mit Schrot zu schießen.

Ich schieße keine Möwe tot,
ich lass sie lieber leben –
und füttr'e sie mit Roggenbrot
und rötlichen Zibeben*.

O Mensch, du wirst nie nebenbei
der Möwe Flug erreichen.
Wofern du Emma heißest, sei
Zufrieden, ihr zu gleichen.

Christian Morgenstern (1871–1914)

* Rosinen wurden früher Zibeben genannt.

Die Vogelwelt

Nicht zuletzt sieht sich unser Wichtel mit dem Kescher einer riesigen Konkurrenz gegenüber, nämlich der Vogelwelt. Für **25 Arten** ist das Watt **Hauptbrutgebiet** im europäischen Küstenbereich, viele weitere sind als Durchreisende dabei. Insgesamt geht ihre Zahl in die Millionen, und viele von ihnen sind hauptsächlich hinter Fischen her.

An erster Stelle stehen **Silbermöwen** mit Tausenden von streng monogamen Paaren, sowie auch Lach- (↗ unten) und zu einem weit geringeren Anteil Sturmmöwen. Die Silbermöwen haben in jüngster Zeit stark an Zahl gewonnen, weil sie binnenländische Müllkippen als bequeme Winterversorgungslager entdeckten und weil sie sich als Nesträuber anderer Arten ein komfortables Leben

Baltrums Natur

Auch, wenn sie so einsam dahockt: Die Population der Silbermöwen hat sich in den letzten Jahren stark vergrößert

Die lachende Möwe

Spezifisch auf Baltrum ist die **Lachmöwe** vertreten, und zwar mit jährlich etwa **10.000 Brutpaaren.** Damit besitzt die Insel die größte Kolonie in Niedersachsen, und das schon seit über 20 Jahren. Das Brutgeschäft findet ganz in der Nähe der menschlichen Siedlungsgebiete auf Salzwiesen statt.

Das jedenfalls führt die Nationalparkverwaltung Niedersächsisches Wattenmeer an, und die Lachmöwe gilt deshalb als **Baltrums Symbolvogel.** Laut Wikipedia ist die genannte Zahl in jüngerer Zeit allerdings dramatisch zurückgegangen. Und die Zukunft sieht auch ziemlich trübe aus. Ornithologen rechnen damit, dass aufgrund des Klimawandels die Lebensräume dieser Vogelart (und vieler anderer) gegen Ende des 21. Jahrhunderts fühlbar geschrumpft sein werden und die **Bestände sich verringern.**

Noch kann der Vogel darüber lachen. Sein wissenschaftlicher **Name** ist **Larus ridibundus,** und der bedeutet tatsächlich „lachende Möwe", wohl in Bezug auf ihren Balzruf: „Rä grä, grä-krää, kräähh!" (Vielleicht kennt jemand eine Tante, womöglich namens Emma, die ähnlich klingt). Im Deutschen liegt aber wahrscheinlich die **Lache** in der Bedeutung von „Pfütze" zugrunde, der Vorliebe des Vogels für flache Wasserstellen entsprechend. Die Lachmöwe ist nämlich gar kein ausgesprochener Seevogel, sondern viel öfter im Binnenland zu finden. Und dort an seichten Seen, gern aber auch auf Äckern, furchtlos hinter Riesenpflügen einhertrippelnd und Regenwürmer aus der Erde pickend.

Was die Lachmöwe so liebenswert macht, ist weniger ihr „Gelächter" als ihr hübsches Aussehen und ungewöhnliches Federkleid. Im Sommer (März bis August) zieht sie sich eine **schokoladenbraune Gesichtsmaske** über, die auffallend zum hellfarbigen Rest kontrastiert. Im Winter ist sie überwiegend **weiß,** mit Ausnahme eines **schwarzen Flecks am Ohr.** Sie ist die **kleinste** der an der Nordsee vorkommenden Möwenarten, und da sie andere kulinarische Präferenzen als die Silbermöwe hat, sind von ihr auch keine Eiswaffel-Diebstähle zu erwarten.

machen konnten. Man hat auf den Inseln versucht, ihre Zahl zu dezimieren, indem man die ihrerseitigen Nester zerstörte. Das erwies sich jedoch als fruchtlos. Die Vögel legten fleißig Eier nach, und die Bestände blieben konstant oder vergrößerten sich sogar.

Vogelschützer ersuchen Inselbesucher, Möwen **nicht zu füttern.** Zum einen gehen dadurch natürliche Jagdinstinkte verloren, denn nicht alle Möwen ernähren sich auf Deponien, sondern generell von Fischen auf hoher See, was große Geschicklichkeit erfordert. Kommt diese abhanden, muss gebettelt werden, oder der Vogel ist zum Verhungern verdammt. Zum anderen ist die dargereichte Kost alles andere als gesund, zumeist nicht einmal für Menschen. Außerdem haben die Vögel mit der Erkenntnis, wie gut ihre Tricks funktionieren, gewaltig an **Keckheit** gewonnen. Da kommt es schon vor, dass einem am Strand die Eiswaffel von einem fliegenden Räuber mit größter Präzision aus der Hand geschnappt wird. Man sollte **kleinen Kindern** am Strand **nichts Essbares** in die Hand geben, um sie vor solchen Attacken zu schützen. Die vor dem Strandkorb so „niedlich" hin- und herparadierende Möwe wartet nur darauf, loslegen zu können.

Ständiges Gewusel

Seeschwalben, Regenpfeifer, Rotschenkel, Austernfischer, Säbelschnäbler, Knutts, Strandläufer, Enten, Gänse, viele mehr – alles was in der Vogelwelt der Nordsee Rang und Namen hat, ist im Wattenmeer vertreten. Manche Arten nur auf der Durchreise, um in dieser reich bestückten Kantine Energie zu tanken. Die Seeschwalbe zum Beispiel fliegt von Sibirien nach Südafrika und retour und legt dabei bis zu 40.000 Kilometer im Jahr zurück. Das geht nicht ohne üppige Zwischenmahlzeiten. Die Zahl der **Transitpassagiere** ist enorm. 10 bis 12 Millionen Wasservögel machen alljährlich im

Baltrums Natur

Wattenmeer Station. Man sollte deshalb denken, dass die **Nahrungsvorräte** schnell erschöpft seien. Doch das ist wunderbarerweise nicht der Fall. Zum einen sorgt die biologische Produktion des Watts für unfassbare Mengen von Bodengetier. Zum anderen haben viele Vogelarten völlig verschiedene Speisekarten. Und weiterhin kommen die Vögel besonders im Herbst zu unterschiedlichen Zeiten an. Die unendlich gütige Natur hat schon auf das richtige Timing geachtet.

Vor Ort findet das Futtern jedoch rund um die Uhr statt. Viele Arten sind auf das trockenfallende Watt angewiesen und müssen einen gezeitenbedingten Rhythmus einhalten, also auch nachts im Gubbel stochern. Dieserart ist immer „etwas los". Keineswegs kann von einer leblosen und schweigenden Wasser- und Schlickwüste die Rede sein. Außer den Möwen seien einige Vertreter dieser quirligen Schar einmal separat vorgestellt:

Austernfischer

Der vorwitzig dreinblickende kleine Bursche im schwarz-weißen Federkleid trägt einen nicht ganz korrekten Namen, denn Austern kriegt er gar nicht geknackt. Was er aus dem Watt fördert, ist jedoch nicht viel weniger substanziell. Sein Schnabel ist ein solides Stück Werkzeug, und er weiß damit umzugehen. Überhaupt ist der Austernfischer ein resolutes Kerlchen. So witzig er auch ausschaut: Wenn er sein auf ebener Erde deponiertes Gelege in Gefahr sieht, ist für ihn Schluss mit lustig. Dann **watscht** er einem sich nähernden Menschen schon mal seine **Flügel um die Ohren,** dass es nur so scheppert. Doch keine Panik! Ein Regenschirm ist die beste Abwehr, und zu Schaden kommen die dieserart Attackierten ohnehin nicht, sondern sollten sich über das Geflatter amüsieren – und Abstand vom Gelege nehmen.

Streitbarer Bursche: der Austernfischer

Küstensee-schwalbe

Kein anderer Vogel reist auf der Suche nach Sonne so weit wie dieser Flieger, nämlich **von einer Polarregion zur anderen,** wo im kalten Wasser der Tisch reich gedeckt, zur Bedienung aber jeweils Tageslicht vonnöten ist. Gegen Ende des Sommers geht der wegen seiner schwarzen Kappe einer Lachmöwe nicht unähnliche, aber kleinere Vogel an den Start eines **18.000 Kilometer langen Fluges** in Richtung **Antarktis.** Im Wattenmeer wird zwischengelandet, um in Gestalt von Krustentieren Power für die gewaltige Reise zu tanken und nebenbei sogar noch das Brutgeschäft zu erledigen. Küstenschwalben können über 30 Jahre alt werden und legen im Lauf ihres Lebens über 800.000 Kilometer Flugstrecke zurück – zwanzigmal um die Erde, ein einsamer Rekord.

Regen-pfeifer

Dieser kleine, kurzbeinige Vogel kann auf eine lange Familiengeschichte zurückblicken – seine Vorläufer gab es schon vor 40 Millionen Jahren. Deswegen haben sich die Pfeifer auch wohl so artenreich entwickelt: 63 Verwandte gibt es unter ihnen, und sie sind auf allen Kontinenten und in al-

Baltrums Natur

O/bp Foto: rh

len Klimazonen vertreten. Für einige Arten scheint das Ende der Fahnenstange erreicht; sie stehen bereits auf der Roten Liste. Die auf Baltrum sind jedoch weiterhin fröhlich bei der Sache und auf den Wattflächen überall zu sehen.

Rotschenkel

Kein sonnendurchglühter Badegast, sondern ein possierlicher Vogel mit knallroten Beinen, der häufig im Wattenmeer gesichtet wird. Und zwar zu jeder Tageszeit, weil sein Ernährungszyklus tidenabhängig ist. Er gehört zu den Schnepfenvögeln und ist deshalb auch im Binnenland kein Unbekannter, und das sogar bis in die zentralasiatischen Steppen hinein. Die deutschen Bestände werden auf 9700 bis 10.000 Brutpaare geschätzt. Das klingt nach viel, doch in der Vogelwelt sind das Peanuts. Damit gehört der Rotschenkel zu den **gefährdeten Arten.** Inselwanderer sollten deshalb größte Umsicht üben. Die exzellent getarnten Jungvögel drücken sich bei Gefahr nämlich auf den Boden und werden nahezu unsichtbar. Das hilft gegen räuberische Möwen, aber nicht gegen trampelnde Menschen. Schon ein einziger von der Pfadmitte abweichender Schritt kann dieserart Unheil anrichten.

Säbelschnäbler

Nomen est omen bei dem gut aussehenden Gesellen mit langem, gebogenen Schnabel, den er mit **halbkreisförmigen Kopfbewegungen** durch das Flachwasser des Watts knapp über dem Untergrund zieht und dabei allerlei Nahrhaftes erbeutet, vor allem Kleinkrebse und Jungfische.

Strandläufer

Wenn einem ein kleiner Piepmatz direkt auf der Wasserlinie vorantrippelt, dann wieder auffliegt und auf einmal wieder da ist, handelt es sich um einen völlig richtig benannten Strandläufer. Je nach zoologischer Schulmeinung gehören 19 bis 24 Arten zu dieser Gattung, die im Wattenmeer vor allem durch den **Alpenstrandläufer** und den **Knutt** vertreten ist. Die kleinen Flieger fallen zur

Brutzeit, aus den Weiten Nordrusslands anreisend, in riesigen Schwärmen im Nordseebereich ein und beleben mit ihrem Gewusel das bunte Bild noch mehr als sonst. Vorsicht mit **Hunden:** Da Strandläufer nur geringe Distanz halten, fühlt sich der Hund veranlasst, hinter ihnen herzujagen. Die Vögel sind zu flink, um sich fangen zu lassen, aber die Hetzjagd ist wirklich unnötig.

Vogelsafari

Baltrum-Fahrern, die auf alternative Vogelpirsch gehen wollen, empfiehlt das dortige Nationalparkhaus, überflüssigerweise und deshalb wohl etwas schelmisch, doch bitte den Fotoapparat nicht zu vergessen. („Denken Sie auch an Ihre Kamera, wenn Sie schöne Schnappschüsse der Tier- und Pflanzenwelt festhalten wollen"). Das Fernglas möge man gleichfalls nicht zu Hause lassen. Immerhin wird einem keine schroffe Absage erteilt. Das hätte ja sowieso keinen Zweck.

Allerdings sollte die **Art der Kamera** spezifiziert werden. Mit dem Handy-Knipser lassen sich allenfalls Fotos wie ein watschender Austernfischer erzielen. Die wären dann auch witzig genug, und kein Gesetz hätte etwas dagegen. Der Attentäter brockt's sich ja selbst ein, derart auf Nähe vor die Linse zu geraten. Aber ansonsten gilt: Distanz, Distanz, Distanz! Vogelporträts lassen sich dann nur mit einem **Teleobjektiv** von mindestens 300 Millimetern Brennweite schaffen, und auch eine Menge Geduld muss zum Einsatz kommen.

Wer sich näher ranpirscht, fällt schon bald unter die Rubrik „Belästigung". Die bereits seit 1979 bestehenden europäischen **Vogelschutzrichtlinien verbieten das Fotografieren einiger Arten aus nächster Nähe.** Bilder von Nestlingen etwa, für die alles mögliche Instrumentarium mit Einschluss ausgeklügelter Beleuchtungsanlagen aufgebaut wurde, gelten nicht als dokumentarische Großtaten (zumal viele Tausende von Fotos längst existie-

Baltrums Natur

ren), sondern als Produkt massiver Störungen, an denen zahllose Bruten zugrunde gingen. Einer Vogelfamilie dieserart zu Leibe zu rücken, zählt als Tierquälerei. Man lasse sie in Frieden, die lieben Kleinen. Mehr als sonst gilt diese Maxime für die Brutzeit von Mitte März bis Ende Juli, in der die Vögel keinerlei Störungen vertragen.

Generell sollten stets **Fluchtdistanzen** (mindestens 300 Meter) von Vogelansammlungen berücksichtigt werden, und das ganz besonders in der **kalten Jahreszeit.** Dann nämlich sinkt die biologische Produktion des Wattenmeers auf ein Minimum, das Tageslicht auch, und die Nahrungssuche wird mühsam. Wiederholter Zwang zum Auffliegen kostet die Vögel wertvolle Energiereserven, bis hin zu tödlicher Schwächung.

Dies ist die insulare Seite der Bilanz, und weil sich (fast) jeder an die Vorgaben hält, fällt sie relativ positiv aus. Weiter südlich wird es immer finsterer. 30 Millionen Zugvögel bleiben jährlich allein

Erstes Gebot bei der Fotopirsch: Abstand halten!

in **Starkstromleitungen** hängen, ein Mehrfaches dieser Zahl fällt der **Fallenstellerei** in Mittelmeerländern, alle zur EU gehörig, zum Opfer, ganz zu schweigen vom **Straßenbau- und Agrarwahn** in zentraleuropäischen Gefilden. Deutschland hat bereits 600.000 Kilometer Straßen, doch unablässig wird an neuen geschustert. Und gegüllt und „gespritzt" wird landesweit auf Deubel komm raus, im Wortsinn eine Schweinerei ...

Mit Personal des Nationalparkhauses Baltrum kann man auf **geführte Vogeltouren** gehen. Einzelheiten im Tidenhus (⟋„Sehenswertes").

Seehunde

Der Seehund (und die verwandte Kegelrobbe) ist der König des Wattenmeers. Jeder Inselbesucher möchte die großäugigen Säuger möglichst sofort sehen: „Wo ist der Seehund?!" Bitte schön, da ist er: Kurz vor der Einfahrt nach Baltrum passiert die Fähre die **Norderneyer Othelloplate,** auf der sie zu Dutzenden hingestreckt liegen, im Sommer auch mit ihren Jungen. Die Augen links! Denn dort findet das Geschehen statt. Die Tiere haben schon längst keine Angst mehr vor dem vorbeirauschenden Dampfer, und als Jagdwild wie in alten Zeiten haben sie ebenfalls ausgedient. Das schafft Selbstbewusstsein.

Einst, namentlich zu Kaisers Zeiten und nach dem Ersten Weltkrieg, gehörte es einfach zu einer gelungenen Inselreise, einen oder mehrere Seehunde zur Jagdbeute zu machen, nur so zum Spaß. Die an Land annähernd hilflosen Tiere totzuschießen, war ja auch herrlich einfach, und die Berufsfischerei förderte dieses Tun sogar, weil ihr der Seehund als Konkurrent galt. (Neuere Forschungen haben erwiesen, dass die vorgeblichen Räuber sich fast ausschließlich von kommerziell wertlosen Fischarten ernähren). Ein Bericht aus dem Jahre 1929 beschreibt die Tiere so:

Baltrums Natur

„Die Seehunde könnten ebenso gut wie die Esel die Faulheit versinnbildlichen. Ihr größtes Vergnügen ist es, auf den Sandbänken zu liegen, sich zu sonnen und einer trägen Ruhe hinzugeben. Dabei gähnen sie, recken sich, wälzen sich von der einen Seite auf die andere, um den fetten Körper allseitig von der warmen Sonne bescheinen zu lassen."

Faules Pack! Und das in deutschen Landen! Abknallen, die Fettsäcke!

Der damalige Autor könnte auch gut die Dummheit versinnbildlichen. Das Abknallen wurde jedenfalls in einem Maße betrieben, dass sich in den 1930er Jahren bereits besorgte Stimmen regten, die im Dahinschlachten der schönen Tiere erste Anzeichen einer Artengefährdung sahen. Doch erst in der Neuzeit wurde es wirklich kritisch. In den Jahren 1988 und 2002 führten zwei katastrophale **Epidemien** zum annähernden Aussterben der Art; die zweite kostete mit 4000 Opfern fast 80 Prozent der niedersächsischen Bestände. Die Krankheit wurde amtlicherseits eilends, und nicht völlig inkorrekt, als „ganz normale" Staupe erklärt. Dass der Auslöser dafür ein durch die vergiftete Umwelt total ruiniertes Immunsystem der Tiere war, erfuhr keine Betonung. Und auch nicht in diesem Zusammenhang, dass die zu Hunderten antreibenden Kadaver so schwer mit Umweltgiften kontaminiert waren, dass sie als **Sondermüll** beseitigt werden mussten. Inzwischen haben sich die Bestände wieder erholt und sind im Zeichen einer sauberer werdenden Nordsee offenbar zahlreicher und gesünder denn je. Eine jüngste Zählung (2010) ergab 6623 Tiere – ein Rekord!

Auch, wenn sie noch so mitleiderregend fiepsen: Hände weg von Seehundbabys!

Sehr zur Freude der Inselreisenden. Nicht nur auf der oben genannten, vom Westkopf einsehbaren Sandbank sind im Bereich von Baltrum große Zahlen der „faulen" Seehunde zu betrachten, sondern auch an der **Osterhook** und bei den beliebten **Ausflugsfahrten,** auf denen die Teilnehmer fast auf Tuchfühlung mit den Tieren geraten.

Manchmal findet sich auch ein kleiner **„Heuler"** am Strand, der kläglich nach seiner abhanden gekommenen Mama fiept. **Nicht berühren!** Nicht streicheln! (In der Seehundwelt wird nicht gestreichelt). Überhaupt: **Distanz halten!** Womöglich wartet das Muttertier irgendwo nur darauf, dass der menschliche Störenfried wieder verschwindet. Gegebenenfalls die **Polizei rufen** (110), die alles Nötige veranlassen wird, darunter unter Umständen einen Transfer zur Seehundaufzuchtstation Norddeich, wo man den Kleinen wieder hochpäppeln und eines Tages freilassen wird.

Vorsicht! Wer ein Seehundbaby mitnimmt (auch zur Polizei), begeht nach dem Gesetz einen Akt der **Wilderei** und kann dafür schlimmstenfalls im Gefängnis landen!

065ba Foto: rh

Anhang

Literatur zum Thema Baltrum

Über die kleine und wenig geschichtsträchtige Insel existiert nur ein Minimum an Literatur. Selbst Reisebeschreibungen aus alter Zeit sind rar. Dafür tauscht man heute per Qype oder Facebook seine Impressionen aus, zumeist deprimierend trivial. Oder man vertraut seinen Bericht einer Zeitschrift an. Da ist dann zu lesen: „Die Brandung springt wie eine weiße Laufkatze aufs Land ..." Ob die alteingesessenen Baltrumer das auch wohl so sehen, wenn der Blanke Hans an ihnen nagt?

● *Feldmann, R.:* **Grüsse aus Baltrum** (100 Ansichtskarten von anno dazumal). Burchana-Verlag, Brekum 1965.
● *Gansohr-Meinel, H.:* **Baltrum: Eine kleine Insel und ihre Bewohner. Ein Rundgang.** Mettcker-Verlag, Jever 2001.
● *Künnemann, T.:* **Salzwiesen. Überleben zwischen Land und Meer.** Isensee-Verlag, Oldenburg 1997.
● *Pott, R.:* **Farbatlas Nordseeküste und Nordseeinseln.** Ausgewählte Beispiele aus der südlichen Nordsee in geobotanischer Sicht. Ulmer-Verlag, Stuttgart 1995
● *Zylmann, P.:* **Baltrum.** Soltau-Verlag, 1965.
● *Zylmann, P.:* **Tjark Ulrichs und seine Maaten. Aus Baltrums Franzosen-Zeit.** Kindle Edition, 1971.

HILFE!

Dieser Reiseführer ist gespickt mit unzähligen Adressen, Preisen, Tipps und Infos. Nur vor Ort kann überprüft werden, was noch stimmt, was sich verändert hat, ob Preise gestiegen oder gefallen sind, ob ein Hotel, ein Restaurant immer noch empfehlenswert ist oder nicht mehr, ob ein Ziel noch oder jetzt erreichbar ist, ob es eine lohnende Alternative gibt usw.

Unsere Autoren sind zwar stetig unterwegs und versuchen, alle zwei Jahre eine komplette Aktualisierung zu erstellen, aber auf die Mithilfe von Reisenden können sie nicht verzichten.

Darum: Schreiben Sie uns, was sich geändert hat, was besser sein könnte, was gestrichen bzw. ergänzt werden soll. Nur so bleibt dieses Buch immer aktuell und zuverlässig. Wenn sich die Infos direkt auf das Buch beziehen, würde die Seitenangabe uns die Arbeit sehr erleichtern. Gut verwertbare Informationen belohnt der Verlag mit einem Sprechführer Ihrer Wahl aus der über 220 Bände umfassenden Reihe „Kauderwelsch" (siehe unten).

Bitte schreiben Sie an: REISE KNOW-HOW Verlag Peter Rump GmbH, Postfach 140666, D-33626 Bielefeld, E-Mail: info@reise-know-how.de
Danke!

Kauderwelsch-Sprechführer –
sprechen und verstehen rund um den Globus

Afrikaans ● Albanisch ● Amerikanisch - *American Slang, More American Slang,* Amerikanisch oder Britisch? ● Amharisch ● Arabisch - Hocharabisch, für Ägypten, Algerien, Golfstaaten, Irak, Jemen, Marokko, Palästina & Syrien, Sudan, Tunesien ● Armenisch ● *Bairisch* ● Balinesisch ● Baskisch ● Bengali ● *Berlinerisch* ● Brasilianisch ● Bulgarisch ● Burmesisch ● Cebuano ● Chinesisch - Hochchinesisch, kulinarisch ● Dänisch ● Deutsch - *Allemand, Almanca, Duits, German, Nemjetzkii, Tedesco* ● *Elsässisch* ● Englisch - *British Slang, Australian Slang, Canadian Slang, Neuseeland Slang,* für Australien, für Indien ● Färöisch ● Esperanto ● Estnisch ● Finnisch ● Französisch - für Restaurant & Supermarkt, für den Senegal, für Tunesien, *Französisch Slang, Franko-Kanadisch* ● Galicisch ● Georgisch ● Griechisch ● Guarani ● Gujarati ● Hausa ● Hebräisch ● Hieroglyphisch ● Hindi ● Indonesisch ● Irisch-Gälisch ● Isländisch ● Italienisch - *Italienisch Slang,* für Opernfans, kulinarisch ● Japanisch ● Javanisch ● Jiddisch ● Kantonesisch ● Kasachisch ● Katalanisch ● Khmer ● Kirgisisch ● Kisuaheli ● Kinyarwanda ● *Kölsch* ● Koreanisch ● Kreol für Trinidad & Tobago ● Kroatisch ● Kurdisch ● Laotisch ● Lettisch ● *Lëtzebuergesch* ● Lingala ● Litauisch ● Madagassisch ● Mazedonisch ● Malaiisch ● Mallorquinisch ● Maltesisch ● Mandinka ● Marathi ● Mongolisch ● Nepali ● Niederländisch - *Niederländisch Slang,* Flämisch ● Norwegisch ● Paschto ● Persisch ● Pidgin-English ● *Plattdüütsch* ● Polnisch ● Portugiesisch ● Punjabi ● Quechua ● *Ruhrdeutsch* ● Rumänisch ● Russisch ● *Sächsisch* ● *Schwäbisch* ● Schwedisch ● *Schwiizertüütsch* ● *Scots* ● Serbisch ● Singhalesisch ● Sizilianisch ● Slowakisch ● Slowenisch ● Spanisch - *Spanisch Slang,* für Lateinamerika, für Argentinien, Chile, Costa Rica, Cuba, Dominikanische Republik, Ecuador, Guatemala, Honduras, Mexiko, Nicaragua, Panama, Peru, Venezuela, kulinarisch ● Tadschikisch ● Tagalog ● Tamil ● Tatarisch ● Thai ● Tibetisch ● Tschechisch ● Türkisch ● Twi ● Ukrainisch ● Ungarisch ● Urdu ● Usbekisch ● Vietnamesisch ● Walisisch ● Weißrussisch ● *Wienerisch* ● Wolof ● Xhosa

Anhang

www.reise-know-how.de

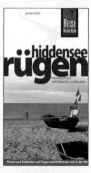
Anhang

Anhang

Anhang

Anhang

Der Autor

An der Nordsee geboren (Cuxhaven, 1942), lange
Jahre zur See gefahren, noch länger im Archipel
der Philippinen gewohnt, dann wieder an die
Nordsee (Friesische Wehde) zurückgekehrt – Roland Hanewalds Lebenslauf ist ständig mit dem
Okeanos verbunden gewesen. Wer wäre also besser geeignet, ein Inselbuch wie das vorliegende
über Baltrum zu schreiben? Es ist das letzte in einer langen Reihe von Nordseereiseführern, die in
den Niederlanden beginnen und im dänischen
Skagen aufhören, und Baltrum schließt damit eine
Lücke im ostfriesischen Archipel, die es unbedingt
noch zu füllen galt. Aus Hanewalds Produktionspalette stammen über 100 Buchtitel und mehr als
1300 Fotoreportagen, die auf der ganzen Welt erschienen sind. Der Autor ist weiterhin ständig in
allen Erdteilen unterwegs, um Material für seine
Artikel zu sammeln und, wie man annehmen darf,
aus alter Gewohnheit.